玄関ドアの前に、旅行カバンが置かれています。

カバンの口が少しだけ開いており、そこに手をかけて、ネコがなかをのぞき込んでいます。

ネコのうしろにある棚の上から、細いひものようなものがちょろりと、たれ下がりました。

どうやら、ネズミのしっぽのようです。

SANNEN NO HOSHIURANAI
SCORPIO
2024-2026
ISHIIYUKARI

3年の星占い 蠍座 2024-2026

石井ゆかり

すみれ書房

はじめに

こんにちは、石井ゆかりです。

本書は2024年から2026年の3年間、蠍座の人々が歩んでゆくかもしれない風景を、星占いを用いて描いた1冊です。

3年という時間は短いようで長く、奥行きも深く、ひとまとめにして描き出すのは容易ではありません。本書はシリーズ4作目となるのですが、どう書けば読者の心に生き生きとした「3年」が浮かび上がるだろう、と毎回悩みます。短い小説を書いてみたり、おとぎ話ふうに仕立てたりと、これまでさまざまに試行錯誤してきました。

そこで今回たどり着いたのが「シンボル（象徴）」です。

世の中には「シンボル」がたくさんあります。「フクロウは『不苦労』で縁起がよい」「鳩は平和のシンボル」など、置物やお菓子のモチーフになったりします。ニューヨークの「自由の女神像」のような大きなものから、襟元につける小さな「てんとう虫のブローチ（幸運を呼ぶ）」まで、人間は森羅万象、ありとあらゆるものに「意味」を見いだし、それを自由自在にあやつって、ゆたかな精神世界を編み上げてきました。

象徴など信じない、という科学的思考のはびこる現代社会にも、たとえば「国旗」「県の花」などがバッチリ制定されていますし、会社を設立すればたいていは、すぐにロゴとマークを制作し、名刺などに刷り込みます。これらも立派な象徴、シンボルです。現代を生きる私たちもまだまだ、シンボルを手放したわけではないのです。

実は「双子座」「蟹座」などという星座、さらに「木星」「土星」などの惑星も、私たちがそこに意味を見いだした象徴、シンボルそのものです。

「シンボル」には、いい意味も悪い意味もあります。たとえば「サル」は賢さを象徴する一方で、ズルさを表すこともあります。たいていのシンボルは両義的、つまり吉凶、善悪の両方が詰め込まれています。

「シンボル」に与えられた「意味」を調べるのは、辞書で単語の意味を引くのに似ていますが、その広がりは大きく異なります。シンボルはそれぞれがひとつの宇宙のようで、そのなかに実に豊饒な世界を内包しているからです。

さらに、シンボルは想像力、イマジネーションでできあがっているので、外界に対してかたく閉じているわけでもなければ、その世界のサイズが決まっているわけでもありません。どこまでも広がっていく世界、ときには外界から新風さえ吹きこむ世界が、シンボルの抱いているミクロコスモスなのです。

たとえば「双子座の人」「乙女座の人」と言ったとき、その人々のイメージをひと言で限定的に言い表すことは、とてもできません。同じ双子座の人でも、その個性はさまざまに異なります。でも、そこに何かしら、一本似通ったベースラインのようなものが感じられたとしたら、それこそが「双子座」というシンボルの「軸」の感触なのです。シンボルとはそんなふうに、広がりがあり、開かれてもいる「世界観」です。

多くの人が、好きな数字や花、なぜか自分と近しく感じられる場所などを心のなかに大切にあたためて「特別あつかい」しています。あらゆる物事のなかから特別な何かを選び出し、自分とのふしぎな結びつきを読み取る心が「象徴」の原点にあるのだろうと私は考えています。どれだけ科学技術が発達し、多くの人が自然科学にしか「エビデンス」を求めなくなっても、人の心が象徴を追いかける仕組みは、なかなか変わらないだろうと思います。

この3年間を生きるなかで、本書の軸となった「シンボル」が読者の方の心に、やさしい希望のイメージとしてよみがえることがあれば、とてもうれしいです。

3年の星占い――蠍座――2024年-2026年◎目次

第2章 1年ごとのメモ

第3章 テーマ別の占い

第4章 3年間の星の動き

第5章 蠍座の世界

ブックデザイン
石松あや
（しまりすデザインセンター）

イラスト
中野真実

DTP
つむらともこ

校正
円水社

1

3年間の風景

3年間の風景

冒頭の風景は蠍座の2024年からの3年間を見渡して、私が選んだ「シンボル」です。「なぞなぞ」のようなもの、と言ってもいいかもしれません。

以下にキーワードをいくつか挙げながら、「なぞなぞのたねあかし」をしてみたいと思います。

・「外界」への旅

――旅行カバン、玄関ドア

この「3年」で、蠍座の人々は遠く遠く、外界を旅します。
そして最終的にたどり着くのは、山のてっぺん、「頂点」のような場所です。
たとえば、だれもが何か遠大なもの、よりよいもの、高みにあるものを目指しているとするなら、そうしたイメージのいくつかが「叶う」のが2026年ごろです。

「何者かになりたい」と考えている人は「何者か」になれるでしょう。

素敵なパートナーを得て幸福な家庭を築きたい、と願っている人は、そうした場を創造できるでしょう。

今よりも広い景色を見たいとか、高望みはしないから安定した社会的立場がほしいとか、人によって思い描く「目指す場所」はさまざまです。

この「3年」の入り口で、あなたがどんな場所を思い描くかによって、2026年の終わりに立っている場所は、違ってくるかもしれません。

山のてっぺんにたどり着こうとすれば、山を登らねばなりません。この「3年」であなたは、ある種の山を登るのです。

裏を返せば、人は「登った山のてっぺんにしかたどり着かない」とも言えます。登りもしない山の頂上には、立てないのです。

努力する、コツコツがんばる、とは、目の前にあることを、すでに知っている世界で「続けていく」というイメージの表現です。

一方、まったく知らない世界に飛び込んでいって、片言でやりとりしながらその場でできることを探す、といった「努力」は、「コツコツ」という地味なイメージとはだいぶ違っています。大胆さや勇気、新しいアイデアを必要とすることは、日本語の「コツコツがんばる」のイメージからは大きくずれます。

この「3年」のあなたの努力、がんばりは、未知の世界で重ねられます。ゆえに、「コツコツがんばる」という地味な、ある意味安定した方針は、この時期あまりピンとこないかもしれません。

より大胆に、より勇敢に、より新しく。

この「3年」のあなたの道行きは、冒険映画のような新鮮な刺激と興奮に満ちていて、地味なところが少しもありません。

でもそれは、まちがいなくあなた自身の「努力」のプロセスです。

冒頭、玄関の前に置かれている旅行カバンは、あなたのものです。

２０２３年の終わりごろには、すでにこのような雰囲気があなたの世界を包んでいるのではないかと思います。

あなたはひとりで出かけるつもりかもしれませんが、どうも、そうはならない気配もあります。

過去に何度もひとりで出かけ、ひとりで帰ってきたイメージの通り、今回もひとりで颯爽と出かけようとするのですが、たぶんカバンを開けると、そこに相棒が入っているのです。

もし本当にネコが入っていたら、迷わず家に引き返すしかありません。でも、世の中にはネコを連れて旅をする人もいるのです（！）。

・出会いと、その先での関わり

――人のカバンのなかをのぞき込む

２０２３年から２０２４年５月まで、「運命」を感じるような出会いがあるかもしれません。

公私ともにゆたかな関わりに恵まれ、生活の温度が上がります。

さらに２０２５年以降は、人との距離が少しずつ縮まり、２０２６年にはこれまで感じていたふしぎな「分離」「遊離」の感覚が消え去ります。

人はみんな、違っています。

相手の思いや行動を想像することはできても、それを完全に理解したり、コントロールしたりすることは不可能です。

人間関係の「想定外」に、一切苦悩したことがない、という人はいないだろうと思います。

それでも人は人と出会い、関わることを求めます。

人間関係に悩み、傷つきながらも、人との関わりを完全に失うことは、最大の苦痛だと感じられるのです。

かみあわない対話、受け入れられていないという実感、疎外感。たくさんの人にかこまれていても、人は簡単に孤独を感じ、心を痛めます。

どうせ理解してもらえないというあきらめ、期待したのにわかってくれなかったという失望、大好きなのになぜかたがいを隔てる距離感。この人なら、と思って近づいたのに、期待したとおりの人ではなかったと気づき、相手を傷つけてしまうことさえあります。

それでもなお、人は人と交流することを求め続けます。

この「3年」のスタート段階で、あなたは人と自分とのあいだにある「距離」のほうを見つめているかもしれません。この「距離」は2018年ごろからあなたの世界に根を下ろしているもので、「おたがいの自由を尊重しよう」という思いからだんだんと、拡大してきたのではないでしょうか。

相手を縛るまいと思えば思うほど、近づけなくなっていたのかもしれません。心に土足で踏み込むまいと考えるあまり、何も話せなくなっていたのかもしれません。あるいは、自分自身の自由や権利に目を向け、「たとえそれがパートナーであっても、他人に縛られたくない」という思いから、距離をとってきた人もいるかもしれません。

「これまでの自分は『自分』を持っていなかった」と語った人がいます。「『自分』がないから、他人の目ばかり気にしていたけれど、それはまちがいだと気づいた」と話しながら、「でも、『自分』として軸を持ち、自由に生きることは、いきなりできるものではないともわかった」とも語っていました。

ですが、すぐにはできなくとも、数年をかければだんだんに、バランスがとれ、こなれてきます。

２０１８年から今に至る「分離」の経験は、決して人と離れてしまうためのものではありませんでした。むしろ、よりゆたかなつながりを生きるための「オーバーホール」のような作業だったはずなのです。

動いていた時計をいったん止めて、部品をすべて分解して、壊れたところや汚れたところをきれいに直し、もう一度組み立て直すような作業が、ここで起こっていたのです。

直ったのは相手との関わり方なのかもしれませんし、あなたの心のありようなのかもしれませんし、あるいはあなたを取り巻いていた環境なのかもしれません。

いずれにせよ、あなたの人生における人間関係、パートナーシップの全体的なメンテナンスが、この時期におこなわれていたことだったのだと思うのです。

人間は他者との関係において、ごく幼いうちから無意識に、さまざまな取引をします。忖度《そんたく》し、顔色をうかがい、機嫌をとり、過剰に与えて恩を着せたり、依存させて縛ったりしようとします。

なんとか相手とのつながりを強めたいばかりに「悪気なく」脅迫したり、罪悪感や劣等感を与えたり、報酬で釣ったり、恫喝で怖がらせたり、経済的に困窮させたり、視野を狭くさせたりするのです。

自分が人間関係においていったい「どんなつもりで、何をしているのか」、私たちはほとんど自覚できていないように思います。そこには悪意はなく、ただ必要とされたい、愛されたい、尊敬されたい、相手にどこにも行ってほしくない、という切ない欲求だけが渦巻いています。

ですが、こうした取引は、短期的にはうまくいっても、長期的には心の紐帯《ちゅうたい》を破壊する方向にしか向かいません。

ほとんどだれもがこうした心の罠に足元をすくわれ、身動きがとれなくなった経験を持っているのではないかと思います。

そうしたゆがんだ取引を解消し、人として自由な心を持って、改めて「関わり直す」ことが2018年ごろからの大きなテーマでした。そのテーマを「修了」するとき、本当の情愛による自由な関わりが実現します。

人は、人と結びついていてこそ「自由」を感じられます。人から切り離されたとき、人は独房に閉じ込められたような完全な不自由に陥ってしまうのです。

2026年までにあなたが実現するのは、人と結びつくことによって生まれる「自由」です。

ネコはカバンのなかをのぞいています。

どんな気持ちでのぞいているのか、人間には、はっきりとはわかりません。でも、ネコがカバンの持ち主に抱いている好奇心や愛着、カバン自体への興味、袋や箱のなかにもぐりこみたいという欲求などは、うっすらと理解できます。

ネコにもたぶん、人間への愛情や執着はあるのでしょう。ですがそこには、人間がやるような心情的取引は、あまり見られないように思います。気を惹いたり、甘えたりすねたりすることはあっても、人間の心を愛着以外の取引によって縛ろうとすることは、しないように思われます。

もちろん、人を動物といっしょに考えることはナンセンスですが、それでも「取引をしなくても愛は成立しうる」という可能性を、ネコと人間の関係のなかに透し見ることはできないでしょうか。

少なくともこの時期の星は、人の心を縛るための取引からの「卒業」を指さしているように思えるのです。

・果たすべき役割
――ネコ、そしてネズミ

「天職を知りたい」「自分に与えられた使命があるなら、それを知りたい」

これは、占いの世界でもっともニーズの大きい問いです。

この世界に生まれ落ちて、自分にも何かしら与えられた立場、果たすべき役割があるなら、それを知りたい。多くの人がそう考え、星を読もうとします。

この「天職」「使命」は、たとえば「適職」「適性」のようなものとは、少し違うようです。もしかすると、自分に適性のないことが「使命」となることさえ、あるかもしれないのです。

この作業は自分に向いていないけれど、自分がやるしかない。そんな体験をしたことがある人も、きっと多いのではないでしょうか。向いていないからやらない、と言えるなら、その役割は「使命」ではなさそうです。

「天職が知りたい」「自分に与えられた使命のようなものがあるなら、それを知りたい」。このように語る人の多くは、この「天職」「使命」を、一般的な「仕事」「職業」には限定していません。

たとえば、人を産み育てることが自分の使命だ、と考える人もいます。

また、親族3人の世話をして最期を看取った人が、「この人たちを見送ることが、私のこの世での使命だったと思う」と語るのを聞いたことがあります。

　またある人は、地域の人から見放された社《やしろ》を建て直し、美しく維持することで「この地の霊をなぐさめている」ことを何よりの誇りとしていました。

　このように、社会的な肩書きや金銭的な報酬、地位、名声などとは関係ないところで、自分の「天命」を知る人は少なくありません。

　自分に対して、この世界からなんらかのニーズが寄せられているとして、それはなんなのか。

　自分はこの世界から、何を期待されているのか。

　そのことを得心できれば、それ自体がひとつの「自信」となるだろうと思います。

　2025年から2028年ごろまで、あるいは2039年ごろにかけて、蠍座の人々は「使命」を発見することになるかもしれません。

　なかでも、特に2026年なかばから2027年なかばは、そのことが現実的かつ具体的に体得され、さらに周囲にも認められていく、非常に大きな山場となっています。

「自分はこういう作業を引き受けることができる」という手応え、そして「この作業をあなたに任せます」という他者、外部からの声が、この２０２６年なかばからの１年で、しっくりと結び合わされるのです。

それを「辞令」のようにわかりやすいかたちで受け取る人もいるでしょう。あるいは、自分でゼロからなんらかの活動を始めたところ、それが周囲に受け入れられる、という経緯をたどる人もいるでしょう。

または、引き受け手のない仕事をやむなく引き受けたところ、それが思いがけなく自分に合っていた、といった展開もあるだろうと思います。

さらに、「かつてお世話になったこの人に、できるだけの恩返しをしたい」といった思いから、特定のだれかのために行動を起こし、それが特別な使命だと思えるようになる人もいるはずです。

またはあこがれの相手や尊敬する人、「なんとなく憎めない、応援したい」と思えるような人のために、縁の下の力持ちとなって一肌脱ぐ、といった道を進む人もいるかもしれません。

この人に花を持たせたい、この人が成功するところを見たい、この人を押し上げて、自分もそのあとをついて行きたい。そんな気持ちがやがて「これが自分の使命だ」という思いにつながっていくのです。

さらには「ケア」「サポート」をテーマとする人も多いだろうと思います。

子どもやお年寄り、病気やケガなどなんらかのハンディを抱えている人、一時的に苦境に立たされている人、社会的に大きすぎる重荷を背負わされてしまっている人、人生のどこかでつまずき、懸命に立ち上がろうともがいている人。こうした、ケアやサポートを必要としている人が、世の中にはたくさんいます。

受けられて当然のサービスにアクセスできずに苦しんでいる人もいれば、抱え込む必要のないことに押しつぶされそうになっている人もいます。

人が人のサポートをすることが「使命」となりうるのは、人生というものが絶対的に肯定されうるものだからだろうと思います。

もし、サポートを受けるにふさわしい人生と、そうでない人生とが存在するのならば、広く人を救う医療やケアの仕事にさえ、絶対的な価値があるとは言えなくなってしまいます。どんなにたくさんの人を救ったとしても、「意味もないものを生かした」ということになってしまいます。

人間が、人間の人生や命というものに、絶対的な価値を与えていることは、この社会の大前提です。

そのことを見失っている人も、今の世の中には決して少なくありません。

その人たちもまた、心の奥底で深く傷ついて、絶対的な愛やゆるしを求め続けているのだろうと思います。
２０２５年以降、蠍座の世界では、このことが非常に大きなテーマとなって随所に現れるだろうと思います。

私たちはこの世に生まれ落ちてまず、身近な人々、知っている人々、愛をくれる人々を大切にします。そしてそのあとに、人間全体の存在の意義を学ぶのです。愛着によって結ばれた人々を大切にするのは簡単ですが、人間全体を大切にすることは、大人になっても、非常にむずかしいことです。
もし人が自分の「使命」を知ることができるとすれば、それは愛着を持って関わる人々の向こう側にいる、無数の「自分と同じ、人間」の意義が視野に入ったときなのだろうと思います。

ネコは古くから「ネズミを獲る」という役割を与えられていました。現代ではネズミよけのために飼われているネコは少数ではないかと思いますが、もともとは「仕事」があったのです。

また、ネコならすべてネズミを上手に獲るかというと、そうでもないようです。狩りの上手なネコもいれば、そうではないのもいます。また、子ネコのころにはへたくそでも、練習を重ねるうちに狩りの名人になり、獲物を持ってきては飼い主をちょっと困らせるネコもいるそうです。

２０２５年からの約3年は、蠍座の人々にとって「使命のための訓練」のような意味合いのプロセスも展開するかもしれません。

「自分の使命はこれだ」と思い決めたとき、「この使命を果たすには、これを学び、これを練習しなければ！」という課題が見いだされるのです。

また、仕事や作業を「かたち作る」「創造する」ことも２０２５年からのだいじなテーマです。手順を考え、方法論を練り、試行錯誤を重ねながら「この仕事はこういうふうにやると、もっとよくできる」という自分なりのやり方をブラッシュアップしていくのです。

自分自身のみならず、周囲の人々を指導したり、教育したりする役割を担う人もいるでしょう。また、マネジメントに力を注ぎ、多くの人をまとめ導いていく人もいるでしょう。

さらにはこの時期、自分以外の人々に「役割を与える」ことに力を注ぐ人もいるだろうと思います。人に仕事や役目を与えることは、誇りや生きがいを与えることにもつながります。

場合によっては、ある種の役目を作って与えたとき、それを受け取った人が「救われる」こともあります。

「役割を与える」こともまた、かぎりなく大きな「使命」です。

・「場所」との結びつき

――ネコは家につく

2024年から2043年のあいだ、あなたの心にはいつも「自分はどこで、どのように暮らすべきなのか」という思いが渦巻くかもしれません。理想の暮らしを実現するため、徹底的な努力と挑戦を続ける人もいるでしょう。あこがれの家庭を作るために、家族になってくれる「その人」を探す旅に出る人もいるでしょう。

今の暮らしに満足がいかない人は、その暮らしを一度解体するという難事に取り組むことになるかもしれません。

また、理想の住処《すみか》を求めて何度も引っ越しを繰り返す人もいるだろうと思います。

一方、これまでよりも家族や親族、地域などとの結びつきが強まり、生き方が一変する人もいるはずです。

家族が増え、自分の人生の大部分を家族のために「捧げる」ような選択をする人もいるでしょう。

子育てや介護などの中心的な担当者となり、自分の人生のレールを大きく変更する人もいるでしょう。

実家を守るために闘う人、「家督を継ぐ」ような選択をする人、地域コミュニティにおいて非常に重要な立場を引き受け、奮闘する人もいるかもしれません。

家族のだれかが新しい運命を得て、そのまるごとを自分も引き受ける、といった展開になる人もいそうです。

いずれのケースも、自分個人の人生を超えた、周囲や「場」の力に巻き込まれ、飲み込まれて、その大波のなかで生まれ変わるような経験をすることになります。

私たちは自分で思うほどには、一人ひとりが「切り離されて」いません。たがいに強い影響を与え合い、たがいの人生の多くを与え合って生きています。

身近なだれかの人生に変化が起これば、自分自身の人生も少なからず、変わります。

２０２４年から２０４３年ごろにかけて、身内の人生と、あなたの人生とが、かつてないほど深く融け合い、強い影響をおよぼし合って、そこから新しいものが生まれてくるはずなのです。

「犬は人につき、ネコは家につく」と言われます。飼い犬は主人の引っ越しにも比較的容易に順応しますが、ネコは住環境が変わることが大きなストレスになるのだそうです。

なぜその家、その場所から離れたくないのかは、〝本ネコ〟でなければわかりませんが、人間にもまた、そんな気持ちが備わっているものなのかもしれません。

現代では多くの人が旅を好み、また多くの人が土地から土地へと移り住みます。ひとつの場所に根を下ろすことを嫌う人もいます。

でも、心のどこかに「帰るべき場所」を希求する思いを、だれもが多少は抱いているものなのではないか、という気もします。あたたかな家屋やそれを取り巻く野山と「相思相愛」になり、深く根を下ろして暮らすことを、多くの人が夢見ます。心をゆるせる相手と穏やかに、安心して暮らしたい、という願いを、とても多くの人が胸に抱いています。

そうした「暮らし」「住処」への願いが、2024年以降の蠍座の人々の心のなかでは、ほとんど「野心」「野望」のような勢いで強く燃え上がるかもしれません。その熱望がときに、あなたやまわりの人を振り回すような展開もあり得ます。美しく穏やかな暮らしを望んだのに、その望みが嵐を呼ぶような場面もあるかもしれませんが、そんなときはもう一度、願いの根本にあるものに立ち返れば、きっと見失った本質を再発見できるはずです。

・愛の謎を解く
――ネコの愛情

何か好きなものがあったとして、どうしてそれを好きになったのか。

愛する人がいるとして、なぜその人を愛したのか。

その理由をもし、詳細に説明することができたとしても、その説明が「すべて」ではない、という思いが残るものではないかと思います。

愛には、ふしぎな「謎」がつきまといます。

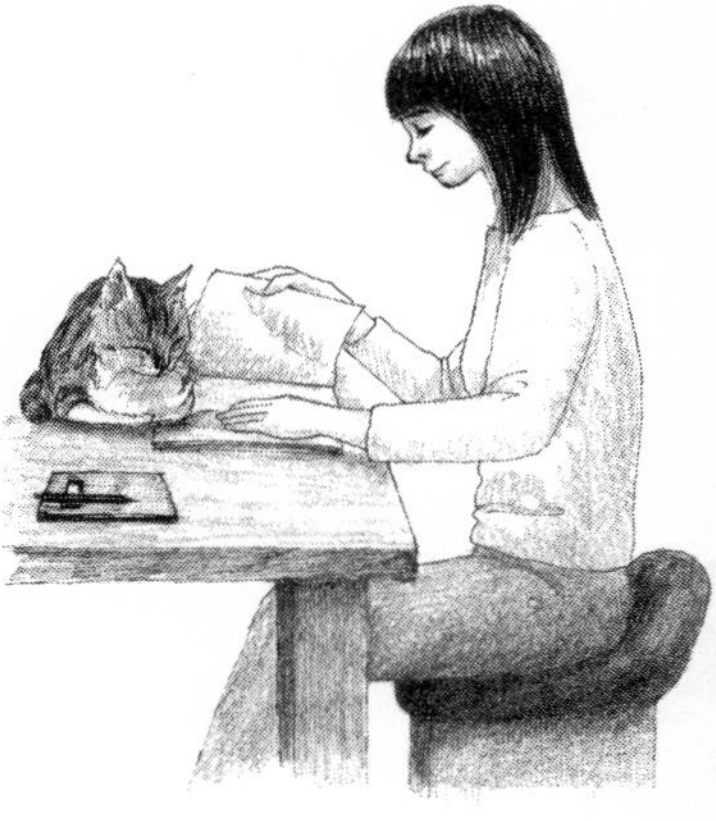

その謎は、完全に理解することも、完全に説明することもできません。
ゆえに、いつの時代にも無数の愛の物語が紡がれます。
すべての恋は似ているけれど、完全に一致する恋はありません。

この「3年」のなかで、あなたはそんな「愛の謎」の世界に深く入り込み、その謎を「生きる」ことになります。いくつかの謎は解けるかもしれませんし、いくつかの謎は「決して解けないとわかる」のかもしれません。

絶対に信じられるたしかな愛を探そうとして、どこにも見つからないと嘆く人がいる一方で、無防備で絶対的な信頼を寄せられてはじめて、愛することを学ぶ人がいます。

卵が先か、ニワトリが先か。
愛の世界では原因と結果がいつも、ころころとひっくり返ります。責任と義務が、受け取ることと与えることが、合理と非合理が、反転し続けるのです。

ネコの心を完全に理解することなどできないのに、多くの飼い主はネコを心から愛しています。

また、ネコのほうも人間のことを理解できるわけではありませんが、なんらかの愛着を抱き、ときに、やさしい思いやりをかけてくれることもあります。どちらも、自分がしていることの理由を、合理的に説明などできません。

現代社会ではなんでも、論理か科学で説明できる、と考えられています。愛情もまた、脳内の「ドーパミン」や「オキシトシン」などの物質の分泌によるもの、と説明されたりします。

愛の感情も生理的・生物的な現象にすぎないのだ、と考えることで、心がラクになる人もいるだろうと思います。

ただ、愛し合ったときの感覚や、恋をする切なさ、何かを好きだと思う気持ち、愛を失った悲しみ、愛着を持った対象に対する絶対的な肯定感などは、そうした知識や説明によって相対化されきってしまうものなのか、私にはよくわかりません。

この時期、愛や人間関係に対するさまざまな疑問があなたの世界に浮上するでしょう。

矛盾した状況、説明不能な心情が渦巻き、心を閉ざしたくなる時間もあるかもしれません。

それらは決して「悪いこと」ではなく、愛というものを、どこか遠くの物語としてでなく、自分自身の絶対的な人生として生きる、大きな体験です。

2025年なかばから2026年頭にかけて、その体験の深い意義を発見し、疑問の向こう側に出られます。謎が解けるのではなく、その謎の価値を知るような道筋が、そこにつながっているのだろうと思います。

2

1年ごとのメモ

2024年

・ユニークな人間関係、驚きの出会い

2024年前半は、2023年後半から引き続き、「愛と関わりの時間」です。パートナーを得る人もいれば、すでにいるパートナーとの関係を大きく進展させる人もいるでしょう。

恋愛や結婚にかぎらず、ビジネスパートナーやふだんいっしょに行動する親友、「身内」と呼べるような相手、仲間など、このことはあらゆるパートナーシップに

当てはまります。

「愛と関わりの年」と聞けば、愛に恵まれ、関わりがゆたかになる、というイメージがわきます。

ですが、2024年はそうした華やかでにぎやかなイメージとは、少し違った時間になるかもしれません。

というのも、あなたのなかにとても哲学的な、深遠なまなざしが生まれているからです。

今まで当たり前と思っていたことが、本当に当たり前なのか？
これまで主張してきたことは、果たして正しかったのか？
長くつきあってきた相手は、自分が思っていたとおりの相手なのか？
相手は本当に、自分に興味を持ち、理解してくれているのか？
自分の人間関係の作り方は、誠実なものだっただろうか？

よかれと思ってやったことは、相手のためになっていたか？
押しつけやひとりよがりで、人を傷つけたことはなかったか？
自分が愛だと感じていた思いは、本当に愛だったのか？
そのほかにも星の数ほどの、さまざまな疑問や疑いがわき上がるのです。

疑問を持ち、疑いを抱くと、一般に人は、相手に対して否定的な態度をとります。
背を向けてみたり、非難してみたり、距離を置いてみたりします。
自分を責めたり、逃げたり、自分自身を傷つけてしまう人もいます。
相手を試したり、責めたり、問い詰めて追い詰めたりする人もいます。
でも、2024年のあなたは、おそらくそうした選択をしません。
そうではなく、真剣にその問いについて考えるのです。
考えながら、相手に働きかけ、相手からの働きかけを受け止めようとします。
2024年にあなたの心に渦巻く「疑問」は、相手とあなたの距離を隔てるよりはむしろ、近づける燃料となります。

2024年にあなたが探し求めるのは、本当に信じられる愛と、自由な人間関係、精神的自立に基づく伸びやかなパートナーシップです。

これを実現するためには、たくさんの対話や、問いかけと答えや、学びや、自己変革の試みが必要になるだろうと思います。

あなたはそうしたステップを、ていねいにひとつずつ、粘り強く踏んでゆきます。それらのステップは、あなたひとりで踏むのではなく、あなたの大切な人といっしょに踏んでゆくことになります。

この時期、あなたはだれかと固く手を携えていて、その手を離すことはありません。

2023年に「その人」と出会った人もいれば、それ以前に相手を見つけている人、または2024年前半に「その人」に出会う人もいるでしょう。

いずれにせよ、「その人」がいて、愛や関わりへの疑問をいっしょに考え、考えながら進んだ先に、あなたの願っていた自由でたしかな関わりを見つけ出せます。

・経済活動の変革期へ

2024年5月末からは、「経済活動の変革期」に入ります。

特に2024年後半から2025年前半は、「人から受け取るもの」がたくさんあるでしょう。

ギフトを受け取る場面もあれば、なんらかの役割を「継承」するような展開もあるはずです。だれかが人生をかけて創り上げたものを、次の世代につなげていくような「リレーのバトン」の受け渡しがおこなわれる可能性があります。

人から「よくしてもらう」場面も多そうです。

素敵なオファーをもらったり、チャンスを作ってもらったり、あこがれの人と引き合わせてもらったりと、「機会」に恵まれるのです。

この時期あなたが受け取るものには、明確な「贈り主」がいます。あなたを大切に思ってくれる人、あなたの可能性を信じ、期待してくれる人が、「特に、あなたのために」と、いろいろな機会を作ってくれるのです。

人が贈ってくれるもの、人が作ってくれる機会には、「ピンとこない」ものもあります。

「これは自分には似合わないかもしれない」
「こんなにむずかしいオファーは、受けるべきではないかもしれない」
「やったことがないし、失敗するかもしれない」
「自分以外に、もっとふさわしい人がいるはず」

等々、「受け取らない理由」をたくさん思いつくかもしれません。

でも、この時期は断る前にいったん、立ち止まって考えるあなたがいるだろうと思います。

「自分には合わない」という考えは、思い込みではないか？

どんなことも、やったことのない段階があるものではないか？

この申し出を受けることで、何が起こるだろう？

そんな疑問をじっくり検討し、これまでには見つからなかった「可能性」を、自分のなかに見いだすことができるかもしれません。

とはいえ、この時期巡ってくる「ギフト」のような案件は玉石混淆《こんこう》で、決して、なんでもかんでも受けるべき、という状況ではありません。

外部から巡ってくる提案やチャンスを吟味するところから、貴重な経験が始まっています。

おそらく、オイシイ話や「簡単にできる」ことが売りの話ではなく、「これは一生懸命がんばってやっと手が届くような、ごく地道な話だな」と思えるものほど、見込みがあります。

・「好きな仕事」の成長痛

「好きなことを仕事にする」ことにあこがれる人は少なくありません。

ですがその一方で「好きなことを仕事にする」ことに成功した人たちが、後悔したというエピソードもよく耳にします。大好きだったことが真剣で必死な「仕事」になったとたん、その活動を昔のようには無邪気に楽しめなくなった、というのです。

第三者から見れば、好きなことを毎日一生懸命できているのだからさぞかし幸せだろうと思えますが、当事者にとっては決してそうではありません。

純粋に「好き！」という気持ちよりもプレッシャーやストレスが先に立ちます。クオリティを求められ、パフォーマンスを気にし、スランプやダメ出しに耐えて結果を追求するつらさが、好きなことをする楽しさを塗りつぶしてしまいます。ほかの仕事をしていれば「好きなこと」は何よりの息抜きや救いになったかもしれませんが、両者が一体化している場合、逃げ場がないのです。

何かを好きだという気持ち、あるいは、何かが「上手にできる」才能。「仕事」にするわけではなくとも、それらを真剣に、徹底的に追求しようとすると、たいていはたくさんのカベにぶち当たります。

自分より上手にできる人に出会ったり、思い描いたようなパフォーマンスができなかったりするとき、「どうすればいいのだろう?」という苦悩が生まれます。楽しい気持ちが消えて、ときには、そこで前進をあきらめ、活動自体をやめてしまう人もいます。

この時期のあなたももしかすると、そうしたカベに突き当たっているかもしれません。

好きなことなのに、楽しめない。

才能があったはずなのに、自信喪失状態に陥る。

そうした状況がこの時期、起こりやすいのです。

でもそれはたぶん、「やめてしまう」理由にはならないのかもしれません。

一時的に距離を置いたり、「ひと休み」したりすることは一案ですが、完全にその活動を手放してしまうということにはならないと思います。

この時期の「カベ」は、あなたの心がその活動に対し、より真剣味を帯びたからこそ出てくるものです。


好きなことややりたいことへの意欲が深まり、あなた自身の姿勢や意識が変わったことで、それらが今までよりも重く、輝きを失ったように見えることがあるかもしれません。

あるいは、ふだんから仕事で才能や持ち味を十全に活かして活動している人は、そうした力が大きな成長期にさしかかり、一時的なスランプに入る可能性があります。

その結果、「やる気が出ない」「その活動への興味が消えた」「本当は向いていないのかもしれない」などの思いがわき起こってくるのです。

ですが当然、こうした意欲の低下は、本質的な変化ではありません。

むしろ、ここをどうにかして乗り切り、あるいはくぐり抜けたところに、より大きな喜びや充実が待っています。遅くとも2026年春には、こうしたスランプから抜け出せます。

たとえば2024年のあいだに「ずっと好きだったことだけど、もうやめてしまおうか」と思えたときは、完全にやめてしまうのはできるだけ先送りにし、「ちょっと休む」「少し距離を置く」ような選択をするといいのかもしれません。

過剰なプレッシャーを感じたときは、気持ちをゆるめ、自分に課すものを小さくして、取り組みのあり方をさまざまに見直すことも一案です。

もちろん、そうしたプロセスの結果「やはり、やめよう」という選択をする人もいるかもしれませんが、その前にじゅうぶんな検討を重ねた、という納得がないと、後悔する可能性があります。

一皮むけるための苦しみ、成長痛、「産みの苦しみ」。この時期はそんなステップが巡ってきやすいのです。

ですがそれらは「全否定」への入り口ではありません。

・翌年にまたがる、大勝負の時間

9月から2025年4月にかけては「開拓」の時間となっています。

新しいルートの開拓、新しいフィールドの開拓ができるときなのです。遠征する人もいれば、精力的に学びながら大チャレンジをする人もいるでしょう。

この時期の挑戦や遠征には、少々荒削りな部分があります。

みんなに無理だと言われながら、反対意見を押し切って取り組む人もいるでしょう。未経験の分野に、準備もなしにいきなり飛び込んでいく人もいるかもしれません。あるいは、リスクが大きいとされる方面にあえて乗り出す人もいるはずです。整備された安全な道を行くのではなく、文字どおり、荒野や原野を開拓するような選択をする人が多そうなのです。

実は、この時期に荒っぽく切りひらいたフィールドで、より洗練された成果を挙げられるのが、2025年後半からの2年間です。つまり、この時期の苦労が、2025年なかば以降、おおいに報われることになっているのです。

もしかすると、2024年から2025年前半には、「苦労した割に収穫が少なかった」という展開になるかもしれません。

あるいは、関係者とぶつかって火花を散らしたり、なかなか理解が得られずに四苦八苦したりと、摩擦の多い状況が続くかもしれません。

このような状態も、2025年後半からはよりなめらかな、あたたかな世界へと変わっていきます。あなたの「本気」が徐々にまわりに理解され、だんだんと受け入れられてゆくのだろうと思います。

・「住処」の核となるものを探す

2008年ごろからこの方、自分の本当の居場所を探す旅をしてきた人は少なくないでしょう。

あちこち移動を重ね、いろいろな場所を「ロケハン」していた人もいるのではないかと思います。

自分が根を下ろすべき場所がきっとどこかにあるはず、という思いを抱きながら、長い旅が続いていたはずなのです。

２０２４年から２０４３年は、そうした旅を終え、「これこそが自分の住処だ」と思える場所に根を下ろす時間となっています。

「住処」はいろいろな条件でできています。

ある地域や土地を「住処」の絶対条件と考える人もいれば、「この人といっしょに暮らしていこう」というふうに、「人」が住処の軸となる人もいます。

家屋や家業が家の核となる場合もありますし、「墓を守る」といったテーマを住処と結びつける人もいます。

あるいは大切な思い出や、かつて受けた恩義などが、「住処」を形成する根っこになる場合もあります。

何がその人にとっての「住処」なのかは、本当に人それぞれです。

2024年以降、あなたはまず「何が自分の『住処』を規定するのか」というあたりから物事を考え始めるのかもしれません。

何があればそこを「住処」だと思えるのか。

どんな土壌があれば、深く根を下ろせるのか。

だれに教えてもらうこともできない自分だけの答えを、じっくり探し始められる年です。

2025年

・線引きと越境

2025年は、2024年後半に引き続き「経済活動の変革期」のなかにあります。

年の前半は「ギフトの時間」で、人から受け取るものがたくさんあるでしょう。自分が所属している大きな人間関係のなかで、ゆたかにお金やものが「回っていく」手応えがあるはずです。

自分の力だけでは決して得られないようなものが手に入ります。自分ひとりでは実現できないような、大きな成果を挙げられるときです。

2025年は「人とどう協力するか」が、大きなテーマとなります。人と深くコミットするほど、どこで線を引くべきかということが問題になります。役割分担をしっかり決め、たがいの意識合わせをする一方で、いざというときはそのラインを思いきって越えるような判断も必要になります。

2025年のちょっとした特徴は、この「ラインを引く」作業と、「特例的にラインを越える」「一時的に線引きを無視する」判断が、同時に起こるかもしれない点です。たとえば、家族で「私が掃除、あなたが洗濯」のように役割を決めたのに、どちらかが突然長期出張することになり、両方とも相手に任せなければならなくなる、といった展開が起こりやすいのです。

そうしたときはつい、最初に決めた分担がうやむやになりがちです。線引き自体が、ゴタゴタにまぎれて自然消滅してしまうのです。

でも、この2025年はそうした混乱を乗り越えて、ちゃんと機能する「線引き」を検討できる時間となっています。むしろ、例外的越境の可能性を視野に入れた上で、より現実的でダイナミックなルール作りが可能になるのです。

このことは、「恩」と関係があります。

自分がやるべきことを一時的にでもだれかが替わってくれたら、それは「恩を受けた」ことになります。

多くの人は「人の世話になった」「恩を受けた」と感じることが苦手です。「それほど迷惑はかけていない」「肝心なところは自分でやった」など、つい、相手からしてもらったことを小さく見積もりたくなります。

「まじめな善い人」ほど、そういうとらえ方に傾きがちです。しっかりと自分の足で立ち、人に迷惑をかけたくない、という思いが、「そんなには頼っていない」という心のバイアスを生むのだろうと思います。ですが、本当に「善い人」は、「してもらったこと」をありのままに受け取れる人なのだろうと思います。

「やさしくすること」は善ですが、一方で「やさしさを受け取ること」にも善はあるのです。

助けてもらうことは悪いことではありません。そのときすぐに返礼ができなくても、相手の好意を受け取ることはできるのです。ちゃんと受け取れれば、それは相手にとって、とても「善いこと」だろうと思います。

2025年前半は特に、人からしてもらったことを「ありのままに受け取る」ことが重要です。なぜなら、「受け取る」ものがたくさんあり、さらにその先に、より深い信頼関係を作ってゆくことがテーマだからです。

何かしてもらったとき、すぐに相手に満額の「お返し」をして、「差し引きゼロ」にしようとするのは、長く続くはずの関係を断ち切ることにほかなりません。

関わり続けてゆくには、恩を引き受けるステップが必要であり、この時期がちょうど、そのタイミングに当たっているのです。

・「荒っぽい」旅から、「悠々とした」旅へ

2025年は「旅の時間」のなかにあります。

多くの人がこの1年、もっと言えばここから2026年なかばまでの1年半ほどのあいだに、すばらしい冒険旅行をすることになるでしょう。

具体的には、長期出張や長い旅行、留学、移住を経験する人もいるかもしれません。バックパッカーとして放浪の旅に出たり、ワーキングホリデーのような制度を使って未知の世界に飛び込んでいく人もいるだろうと思います。

この時期の「旅」はふだんの何倍もスケールが大きく、その「未知」の振り幅も過去最高に振り切れます。

年の前半の「旅」は、2024年の終わりに引き続き、少々「粗い」「荒い」部分を含んでいます。旅慣れない人の不器用な旅となったり、何度か拠点を移すことになったりするかもしれません。想定外の状況に情熱的に対応したり、ニーズを満たすためにさまざまな交渉を試みたりする場面もあるでしょう。そうした熱っぽい試みが功を奏し、未知の世界に道が生まれます。

そして、できあがった道を悠々と歩き、想像以上の場所にたどり着けるのが2025年後半から2026年前半です。

・仕事や対外的活動における「勝負」

2024年11月から2025年の年明けにかけて、仕事や対外的な活動における

「大勝負」の第1弾が置かれていました。

そして2025年4月から6月に、その「第2弾」となる時間が巡ってきます。

自分の力を試すため、周囲の期待に応えるために、熱いチャレンジに「打って出る」ことになるでしょう。

「第1弾」で消化不良だったことを、「第2弾」でリベンジする人もいるかもしれません。あるいは「第1弾」でしっかり準備し、仕込んだことを、「第2弾」で盛大にお披露目するような展開になるのかもしれません。

すでにある環境で大きなプロジェクトに関わる人もいれば、特別なミッションを得て遠征する人もいそうです。

転職活動に臨む人、ヘッドハントされる人もいそうです。

みずからまったく新しい活動を始める人もいれば、独立する人もいるでしょう。

いずれにせよ、ここではフレッシュな挑戦者としてのマインドがとても重要です。

たとえベテランであっても、あえて「新人」のような気持ちで闘いを挑むことで、大きな成果を挙げられます。

フレッシュな挑戦は、この時期だけのストーリーではありません。実はここでの勝負は「前哨戦《ぜんしょう》」「予選」のような意味合いがあります。「本番」「決勝戦」は、2026年なかばからの約1年なのです。

ですから、2025年のなかですべてを完成させようとしたり、最終的にうまくまとめようとしたりすることは、あまり必要ないのだと思います。あくまで「チャレンジャー」として、伸びしろが残っているという前提で活動してゆくとき、可能性の幅が広がります。

・「スランプのトンネル」の、出口が見える

2023年ごろから自分の才能に疑いを抱き始めていた人、スランプに陥っていた人が少なくないはずです。

好きなことを以前のようにのびのびとできなくなったり、何が好きなのか、何がやりたいことなのか、わからなくなったりしていた人もいるでしょう。

そうした状況に少しずつ光が射し込むのが、2025年5月末から9月頭です。

また不調の原因が判明する人もいるでしょう。理由はわからないけれどスランプから脱したという手応えを得る人もいるでしょう。純粋な楽しみ、喜びの気持ちを取り戻し、気持ちが軽くなる人もいるはずです。

特に1月から2月頭、3月末から5月頭は、「楽しい！」という気持ちがよみがえりやすい時期となっています。複雑なプレッシャーやストレスの外側に出て、心が息を吹き返すような、特別な経験ができそうです。

2026年

・冒険と学びの時間

6月まで、「冒険と学びの時間」のなかにあります。

精力的に未知の世界を開拓し、多くを吸収しながら、一気に成長できる時間です。好奇心と知的活力をフルに活かして、見たことのない景色をたくさん見ておきたいところです。

ここで見聞きしたこと、吸収したことが、年のなかば以降「大活躍の時間」の武器とも材料ともなるからです。

この時期のあなたの学びや旅には、明確な目標があります。たとえば、ある任務や役割を引き受け、それを果たすために必要な技能を身につける必要があるのかもしれません。

あるいは、ある仕事のなかでダイレクトに「調査研究を任される」ような展開もあるでしょう。

今まで知っていること、すでにできることだけでは対応できないポジションに立つことで、なかば強制的に学びの世界へと押し出されるのです。

勉強の最中には「現実の作業のなかで、この知識をどう活かせるか」「この技はどんな場面で使えるか」など、具体的なイメージが浮かぶでしょう。ゆえに、とてもスピーディーに勉強が進みます。

また、人に教える立場に立つことで、多くを学ぶ人もいるはずです。知っているつもりのことでも、いざ教えるとなれば「この言葉の正確な定義はなんだっけ？」「なぜこんなルールができたんだろう？」など、きちんと説明できない部分に気づかされます。

生徒や後輩に質問されて、「たしかに、自分もよくわからない」と立ち止まり、持ち帰って調べるなかで、自分自身が一気に成長していくのです。

・大活躍の年、働き方改革

7月以降は、「大活躍、大成功の1年」です。

ここから約1年のなかで、飛躍的なキャリアアップを実現する人が少なくないでしょう。昇進、栄転、転職、独立、新しい分野への参入、起業など、仕事をしている人には、何かしら華やかな展開が待っているはずです。

また、社会的な立場を大きく変える人もいます。

仕事を辞めて別の活動に取り組んだり、家事や子育て、介護などで責任者としての役割を引き受けたりと、世の中における立ち位置がガラッと変わる可能性があるのです。

「大活躍の1年と言われても、自分は仕事をしていないので関係がないな」と思われる人もいるかもしれませんが、人間はだれもがなんらかのかたちで「社会」「世の中」と関わっています。

「社会との関わりのありようが変わる年」という意味では、仕事をしていない人にもじゅうぶん、立場の変化が起こる時間と言えます。

これまで引きこもりがちだったけれど、この時期は外に出てみよう！と思える人もいるかもしれません。

何かと周囲から頼りにされたり、「もう子どもあつかいはしない、一人前としてあつかいます」という宣言をされたりするかもしれません。

これまでは「指導される側」だったのが、ここからは「導く側」に変わる人もいるでしょう。今まで漫然とやってきた活動に、はっきりした目標を掲げて取り組み方を変える、といったことも起こるときです。


2026年なかば以降、自分の社会的役割について、ふたつの面から考えを深められます。

ひとつは「肩書き、人から見たときの立場、ポジション、地位」です。自分がどう見られ、どうあつかわれているか。どんなことを期待されているか。何が名誉なことで、どんな成果を目指すべきか。そうした、自分以外のだれの目にも明確に「見える」部分です。

そしてもうひとつは「日々のタスク、任務の内容、大変さや負担、周囲の人々との協力関係、役割分担、健康状態、ＱＯＬ（生活の質）」です。大きく「仕事」をとらえたとき、こちらの部分は第三者の目には触れにくく、自分自身にしかわからない条件を多く含んでいます。

タスクの内容は自分に合っているか、うまくルーティンを作れているか、無理をしすぎていないか、周囲のニーズに応えることができているかなど、地味だけれど非常にだいじな仕事の根幹を、じっくり見つめ直せる時間に入るのです。

前者は２０２６年なかばからの約1年で、しっかり道筋をつけることができます。後者は２０２８年ごろまで、時間をかけてかたち作ってゆくテーマです。

仕事や社会的な活動は、「自分自身の名誉、やりがい、自己実現」の部分と、「周囲に対する奉仕、献身、自己犠牲」の部分の両方を含んでいます。

前者は自分に授けられる「王冠」「メダル」「勲章」、後者は「社会の歯車としての自分」とイメージすることもできそうです。どちらか「だけ」を目指すことは、おそらくどんな活動でも、バランスを欠くものだろうと思います。

2026年の特徴は、この両方が非常に大きなかたちで視野に入る点です。ただ自分の名誉を目指すだけにはならず、自分を犠牲にするだけにもならないのです。「勲章」を授かりながら「歯車」としての自分もちゃんと見つめていられる、そんな社会人としてのあり方をしっかり構築し直せるタイミングです。

・愛の解放、救済、充足

2023年ごろから愛の世界で、なんらかの苦労を重ねてきた人が少なくないはずです。パートナーもいて幸福なはずなのになぜか多くの疑念を抱え、孤独感のなかにあった人もいるかもしれません。

自分の気持ちがわからなくなったり、相手の思いを見失ったりして、愛に背を向けるような態度をとってきた人もいるでしょう。

あるいは愛する人のために多大なる犠牲を払い、尽くし続けてきた人もいるかもしれません。また、愛する人と苦労を共有し、おたがいの愛を鍛えてきた人もいるだろうと思います。

そうした、暗いトンネルをくぐっていくような愛の道行きに、明るい光が射し込みます。

トンネルの出口は1月末から2月なかばに置かれていて、それ以降はあの孤独感、あの疑念、あの苦悩がうそのように消え去るのです。

さらに秋以降はすばらしい愛の大波があなたの星座に押し寄せます。これまでの苦労が報われるような、非常に幸福な時間をすごせるでしょう。

ひとつの愛の峠を越えたことで、生まれ変わったような気持ちになる人もいるはずです。疑念が深かったぶん、長い思索の果てに、愛というものへの信頼感が深まります。

・「スランプ」の終わり

クリエイティブな仕事や、才能を活かす活動を続けている人にとって、2023年からの約3年は「スランプ」を経験したつらい時期だったかもしれません。あるいは「産みの苦しみ」のように、才能を発揮する上でさまざまな困難に突き当たった人もいるでしょう。

ただ楽しみながら力を発揮できる、といったスムーズさがまったくなく、「好きなことをやっているはずなのに、大きな苦悩を背負い込む」ような状態だった人が多いだろうと思うのです。

こうしたスランプのような状態も、2026年2月なかばまでには抜け出せます。

自分の力に自信を持てなくなっていた人、才能の涸渇《こかつ》を感じていた人、好きだったことがもはや好きなのかどうかわからなくなっていた人もいるはずですが、

２０２６年に入るとそうした暗い霧がスッキリと晴れ上がります。

新しいアイデアが出なくて苦しんでいた人、ほかの人と自分を比べて意欲を喪失し、自分の世界に閉じこもりがちだった人、新しい時代の流れについていけず、つまずいたままだった人もいるかもしれません。

そんな状況も、２０２６年に入ると変化し始めます。

「人は人、自分は自分」という視点に立ち、真に自分が目指すべき方向を再発見できます。

才能を試し、意欲を試す時間が終わり、一山越えたところでのびのびと「自己」を打ち出せる時間がやってきます。

・生活を変えると、人生が変わる

2026年から2028年ごろにかけて「生活を創る」ことが一大テーマとなります。

だれもが人生のなかで、体質の変化や生き方の変化を体験します。その変化に沿って生活を大きく作り直す必要が出てくるのです。

体質や心のありようが変わったのに、生活が「今までのまま」になっていると、サイズの合わない靴をはいたように、あちこちに痛みが発生します。今まではぴったりだったのに、もうフィットしないという現象が起こるのです。

多くの人が「習慣の変更」を目指すでしょう。タバコや飲酒をやめたり、自分でも「よくないな」と思いつつ続けてしまっている生活習慣を見直せます。食習慣を変えてみたり、運動を始めたりする人もいるでしょう。

「働きすぎ」の人は、働き方を大きく変更できます。

一方、もう少しがんばったほうがいいなと思っていた人は、少し自分に負荷をかけることで元気になれるかもしれません。

さらに「訓練」「練習」の習慣が身につく時間でもあります。

エクササイズやスポーツを始めたり、ジムに通い始めたり、肉体改造に取り組む人もいるでしょう。師匠について習いごとを始めたり、「弟子入り」したりする人もいそうです。

小さな変化がほかの変化につながり、生活全体、生き方全体が変わっていきます。たとえば、飲酒をやめたら早起きになり、散歩を始め、犬を飼うことになり、同じく犬を飼っている人と交流ができて、人生観が一変した、というふうに、ひとつの変化がほかの小さな変化を呼ぶのです。

そして時間が経ってみると、自分という人間自体が一変した、といったことも起こり得ます。

物事の考え方や価値観も、生活習慣の変化をきっかけに、根本的に変化し始めます。

前述のとおり、2026年は非常に大きな社会的立場の変化が始まる年なのですが、あなたのまなざしは輝かしく華やかなことだけでなく、小さなこと、身近なことのほうにもちゃんと向けられています。

大きなことを成し遂げる人ほど、小さなことにていねいに向き合うものなのかもしれません。

それゆえに、あなたの心の広やかさと深さが、大きく華やかなことにも「ゆきとどく」ことになり、成功が一過性のものとならず、人生に深く根を張るのです。

3

テーマ別の占い

愛について

2023年から、愛の世界で「理想と現実のギャップ」に悩んできたかもしれません。あなたが思い描く愛の理想は2012年ごろから少しずつ美しく、高く、詳細になってきていた一方で、2023年からは現実とその理想の乖離《かいり》が際立ち、戸惑いや失望を経験した人も少なくないだろうと思うのです。

恋人がいるのに孤独を感じていた人もいるでしょう。

愛を探していても「自分が求めるような愛は、世界のどこを探しても見つからない」という絶望を抱き続けていたかもしれません。

2025年5月末から9月頭は、そうした愛への幻滅や苦悩、孤独感がふと、軽くなる時間帯です。また、2025年1月から2月頭、3月末から5月頭は、純粋な愛情の感触を思い出せる、春風が吹き込むような時間帯となっています。

そして2026年は、完全に「愛を生きる方法」を見いだすことができる時期となっています。愛を生きる者として「生き返る」「よみがえる」ときなのです。

・パートナーがいる人

2023年なかばから2024年なかばは、「パートナーシップの時間」です。パートナーとの関係性がこの時期、大きく変わるかもしれません。

特に、支配－被支配の関係にとらわれていた人、おたがいの負担がアンバランスだった人、依存や束縛に悩んでいた人は、この時期にそうしたゆがみを根本的に是正できます。真正面から向き合って話し合い、あるいは時間をかけてよりそい合いながら、どんな関わり方が可能なのか、真剣に検討できるときです。

平等、自由、公平といったテーマが、パートナーシップにおいてとても重要になります。2026年4月までの時間で、より自由で伸びやかな信頼関係を確立すべく、いっしょに考えることができるでしょう。2024年は特にそのための対話が深まります。

パートナーとの関係における「愛」の位置づけが、2025年までは曖昧になるかもしれません。かつてあったはずのスイートな心の交流を、一時的に、持ちにくくなる可能性もあります。前述の「対話」が厳しい交渉となり、心が離れたように感じられるのかもしれません。

ですが、このような変化はまったく一時的なものです。枯れてしまったように見える冬の木立のなかに、春の息吹がちゃんと育っているのに似て、愛の雪解けの時間がすぐに訪れます。

2025年春、そして2026年秋から冬に、見失っていたあたたかく甘い心の交流を取り戻せます。やさしくすること、甘え合うこと、おたがいの弱さを受け入れ合うことが、この時期はとても容易になります。

2025年から2026年は、あなた自身が「外界に出て行く」「外で活躍する」場面が増える傾向があります。自分のことで手一杯になってしまったり、おたがいに忙しすぎて思いやりを持ちにくくなったりする場面もあるかもしれません。意識的にふたりの時間を持ち、自分のなかにあるスイートな部分を確保することが、とても大切です。

長続きする愛はかならず、知恵ある努力に裏打ちされています。愛の関係を維持し育てるためにどうすべきか、2024年からの3年間は、ごく意識的に、能動的に考え、行動することが求められる時間と言えそうです。

・恋人、パートナーを探している人

２０２３年後半から２０２４年前半は「パートナーシップの季節」で、この時期に出会いを得る人、結婚する人が少なくないでしょう。「電撃結婚」のような展開もおおいにあり得ます。また、周囲がびっくりするような相手とパートナーシップを結ぶ人もいるかもしれません。

２０２４年なかばまでに結ばれるパートナーシップは、非常に新しい時代の考え方に根ざしているように見えます。たとえば「親に言われて家を継ぐために結婚する」といったような、古い伝統的な価値観からパートナーを得ようとする人は皆無だろうと思います。

２０２５年までのあなたは、どこか愛について冷めたまなざしを保っているかもしれません。「最高の恋人と大恋愛をして幸福に結ばれる！」といったハッピーなイメージは、この時期はどうしても抱きにくいのではないかと思うのです。「現実は、理想のようにはいかない」という諦念、達観が生まれ、現実に出会う相手への期待値が非常に低くなる可能性もあります。

ただ、この場合は「要求するものが少なくなる」ことによって、出会いの幅が広がり、結果的に期待をはるかに超えるような相手との出会いに恵まれるかもしれません。

とはいえ、愛への悲観や疑念、シニカルな考え方が強まると、2025年はなかなか出会いに至りにくい可能性があります。2025年は「出会いを探すことを、一時的に休止する」ような選択をする人もいるかもしれません。ただ、「タクシーを待つのをやめたらタクシーがくる」現象のように、探すのをやめたとたんにチャンスが訪れる気配もあります。特に年明けから夏までは、そうした現象が起こりやすいようです。

出会いが巡ってきやすいのは、2024年前半、2025年1月から2月頭、3月末から4月、2026年2月から4月、2026年9月中旬から2027年1月頭です。

・片思い中の人

2023年から2025年は愛に対する真剣な、ある意味シビアな気持ちが強まる時期です。ゆえに「片思いをし続けている状態は、現実的ではない」という意識が生まれそうです。「現実的な行動を起こし、愛を現実に変えよう」という意志が固まって、片思いの状態から抜け出す人が多いだろうと思います。

また、片思いの気持ち自体が消えてしまう人もいるかもしれません。相手に投影していた幻想がシャボン玉のように弾けて消えることも考えられます。理想的だと思っていた相手の「現実の姿」が見えて、片思いから自然に離脱してゆく人が少なくないはずです。

2024年前半は「パートナーシップの季節」で、人生をともにする相手のことを真剣に考える時期となっています。長く片思いを続けている人ほど、「今の状況でいいのだろうか？」という意識が芽生えるでしょう。責任持ってアクションを起こし、現状を打破しよう、という気持ちが唐突にわいてくる人もいそうです。

一方、片思いの恋に深い意義を見いだしている人は、2026年頭まで、その場所になんとしてもとどまろうとするかもしれません。愛の幻想を見つめ、孤独に耐えること自体が、自分にとっての大きな真実だと感じられる人もいるだろうと思うのです。

重要なのは、この状況が「外部から強制されているもの」「自分ではコントロールできないもの」だと思っているかどうかです。犠牲者的な、あるいは被害者的な意識を抱き、「だれかがなんとかしてくれないだろうか」というスタンスに立つと、この時期の片思いはかなり大きな苦悩となるでしょう。ひとりぼっちで苦悩のなかに放り出され、身動きがとれない状況が長く続く可能性があります。

一方、みずからの意志で愛の犠牲を払っている、という意識を強く抱いている人は、この時期の片思いはむしろ、自信やアイデンティティを支える柱となるのかもしれません。片思いであっても、それを「愛を生きる経験」とすることができる人はいます。その思いが儚《はかな》い逃避的幻想なのか、または、本物の愛なのかが、ここで判明する可能性は高そうです。

・愛の問題を抱えている人

愛の問題は2025年までに徹底的に深まり、「底をつく」ところまでゆくでしょう。「底をついた」ところで反転し、2026年春にはその問題からなんらかのかたちで脱出できます。特に2012年ごろから愛の問題のなかにある人、あるいは

2023年ごろから悩みを抱えてきた人は、2026年2月までに、その問題が解消するはずです。

この時期の「愛の問題」は、中途半端にしておくことができません。なんとなく問題を先送りにしたり、都合の悪い部分を見て見ぬ振りしたりできないのです。ずっと同じことばかり考え続けてほかのことが手につかなくなったり、ひとつの悩みをいろいろな人に話し続けて堂々巡りしたりしている自分に辟易《へきえき》することになります。そこからなんとか脱出しなければならない、という現状認識が固まり、「なんとかする」方向に乗り出せます。

たとえば、愛の世界でいつも「そんなつもりではなかったのに！」と後悔してしまう人がいます。この人は、なぜ後悔するパターンにはまるのか、その謎を解くことができるかもしれません。

愛に近づけずに悩んでいた人が、自分で作っていたカベやハードルに気づき、それを取りのけるための試みを始められるかもしれません。

愛の世界で「どうしてもできなかったこと」が、この2025年あたりを境に、できるようになるかもしれません。

頭でわかっていても心で納得できなかったことを、新しいかたちで整合し、行動に移すことができるときです。

幻想から覚め、現実を生きる決意を固め、状況を一変させる、といったことが叶うのが、2024年から2025年です。意志と責任、志の高さが、その土台となります。

仕事、勉強、お金について

・「修業」と「大成功」

２０２６年７月から２０２７年７月にかけて、「大成功・大活躍の時間」となっています。この時期に仕事において大きな成功を収める人、念願のポジションをつかむ人が少なくないでしょう。「大ブレイク」を果たす人、脚光を浴びて注目される人もいるはずです。

一方、2025年から2028年ごろにかけて、コツコツ努力を重ねて実力を鍛え、経験値を積んでいくような地道なプロセスも発生します。華やかな成功の裏側の「血と汗と涙」が、この時期にはちゃんと存在しているのです。ゆえに、前記の「大成功」は決して、一過性のものになりません。

・「大成功」の手前の、少々雑な「暫定的勝利」

さらに、2024年の終わりから2025年前半にかけて、かなりチャレンジングな試みをする人が多いでしょう。冒険し、勝負に出て、大きな成果を挙げるのです。この時期の挑戦・勝負は、2026年後半からの「大団円」の前哨戦です。あるいは、ここで少々荒っぽくフィールドを切りひらき、その後地道な努力の末に安定した大きな勲章を勝ち取る、という展開になるのかもしれません。

野心や夢がある人は、この「3年」全体を通して、かなりアクティブに動き、ダイレクトに的を射ようとするでしょう。「大金星を挙げる」ような飛躍も可能な時間です。とはいえ、地道な努力を軽視することはなく、むしろこれまでよりも泥くさいがんばり方を選ぶ人が多いだろうと思います。

一見、一か八かの大ばくちのようで、実はちゃんとタネも仕掛けもある、という、非常に手の込んだ闘い方ができるときなのです。

蠍座の人々は生来「勝負師」的な面を持っています。手段を選ばず徹底的に闘い、かならず勝利を収める力に恵まれています。この「3年」は、そうしたあなたの勝負巧者な面が全面に出る時間と言えそうです。

・学びについて

2025年6月から2026年6月は、雄大な「学びの季節」です。精力的に勉強し、大きな成果を挙げられます。

その手前の2024年後半から2025年前半は、かなり挑戦的・戦略的に学ぶ人もいそうです。

たとえば、2024年の終わりから2025年前半にかけて、あこがれの先生に何度も弟子入りを志願する、といった熱い「入門」のステップを経る人もいるかもしれません。情熱的に試験勉強をしたり、精力的に学びの場を探し回ったりと、学ぶことに対する「闘い」のようなものがこの時期、展開するのです。

そうした「闘い」を経て勝ち取った学びの場で、2025年なかばから2026年前半、あなたはゆたかな学びの機会を得、急成長を遂げるでしょう。学びの場を勝ち取るための闘いが、そのまま知的経験として根づく一方、がんばった末に得た権利を十全に使い、学ぶための多くのチャンスをモノにできるのです。

一昔前は「敷かれたレールの上を走るのはイヤだ」という言い方がごく一般的に聞かれました。現代社会では「敷かれたレールの上を走る」のはむしろ贅沢な、恵まれた人々だ、といった言説のほうが広く受け入れられているようです。幼少期から小・中学校くらいまでは、ある程度以上に大人が考えた「レール」の上で学ぶしかありませんが、大人になれば自分の学びの場は、自分で勝ち取らねばなりません。

2024年後半から2026年前半のあなたの世界では、特にそのことが強調されています。自分のための学びの場を探し出し、あるいは開拓すること自体が、ひとつの大きな学びのプロセスなのです。

2024年後半からの1年半ほどのなかで、学びのライバルを得る人もいるでしょう。仲間や特定の人物と競い合い、切磋琢磨《せっさたくま》することが、あなたを急成長させるのかもしれません。

2025年6月からの約1年は、そこまでの開拓を土台として、一気に急成長できる時間です。「免許皆伝」「資格取得」のような、自他ともに認めるステップアップの場面もあるはずです。

蠍座の人々は、頭だけで学ぶとか、情報や知識を詰め込むとかいう学び方をしません。人生や心に深くしみこませていくような、知恵と自分を融合させていくような勉強をする人々です。心や精神といったものの動きが、学びの場に不可欠なのです。大きく感情を動かし、経験と知識を結びつけ、感動しつつ学べるのが、2025年なかばから2026年なかばという時間帯です。

・お金について

2024年後半から2025年は、「経済活動の変革期」です。人から受け取るものが増え、周囲との社会的関係のなかでお金が大きく回り始めます。

たとえば、これまでは「自分の財布のなか」だけを計算しておけばよかったのが、ここからは「他者のお金」と「自分のお金」を結びつけて考える必要が出てくるのです。経済活動において関わる人の輪が、ひと回り大きくなります。自分の人生における「経済圏」が拡大するときなのです。

融資を受けて事業を拡大したり、住宅ローンを組んだりと、自分自身の経済活動に「他者のお金」「外部のお金」が入ってくるかもしれません。

また、投資や保険など、自分のお金を未来のために、他者に託すような選択をする人もいるでしょう。

あるいは、家族のお金を管理することになったり、仕事の上で大きなお金をマネジメントすることになったりするかもしれません。

すでにそうした経済活動に取り組んでいる人は、この時期からその額が数桁、大きくなるかもしれません。

2024年後半から2025年前半は、公私ともに「お世話になる」「恩を受ける」場面が増えるでしょう。

その一つひとつを心にとどめ、忘れないように記録しておくことが、あとできっと役に立ちます。

その場でお返しをして恩を精算しようとするのではなく、「いずれ時がきたら、自分のほうから相手の役に立とう」という思いを持つことがだいじなのだと思います。

２０２５年以降は、大きな経済活動の輪のなかで、「自立する」ことがひとつのテーマとなるかもしれません。

もといい、経済活動というのは本質的に「持ちつ持たれつ」で、完全にそこから自由に離脱することはできないものです。外界に変動が起これぱかならず、自分の財布のなかにもその影響がおよびます。

ただ、その影響を分散したり、自分なりの自由度、自立度を高めることは可能です。たとえば取引先をひとつから複数に拡大したり、家族のなかで収入の途を複数持つ試みをする人もいるでしょう。

また、公的機関に相談し、さまざまな支援制度を利用して、よりオープンに活動を進めていくことも「自由度を高める」方法のひとつです。

これまであまりお金の話をしないできた人も、これ以降は積極的に話し合う姿勢を持てるかもしれません。経済活動が「閉じた」状態から「開かれた」状態にシフトし、結果、自由度が増すのです。

家族、居場所について

家族や居場所といったテーマについて、２０２４年から２０４３年がひとつの、非常に大きな「時代」となっています。この20年ほどのなかで、あなたは居場所や家族というものについての考え方、感じ方を大きく変えることになるでしょう。

この間「家」に縛られる人もいれば、「家」から自由になる人もいます。居場所を探し求める人もいれば、居場所から逃げ出すことに全力をかける人もいるでしょう。

家のなかに入るにせよ、外に出るにせよ、そこでは家のことをかつてなく深く、濃く考え、感じる必要が出てきます。

家や家族を持つことに、まっすぐに野心を燃やす人もいるかもしれません。家族愛ということが、人生の最大のテーマとなる人もいるでしょう。

居場所を探し求めて放浪する人もいれば、ある場所に引き寄せられるように住み、その場所にとけこんで根を下ろす人もいるだろうと思います。

新たに暮らす場所が故郷以上の場所になったり、ある地域でリーダー的な役割を担うことになったりするかもしれません。

どんな物語が展開するかは人それぞれですが、あなたという存在がどこかひとつの世界に、最終的にどっしりと根を下ろすことになるはずです。

2043年までの長丁場で、「ここだ」という世界がきっと、見つかるだろうと思います。

この3年で悩んだときは——「信じる」ことへのステップ

人間はさまざまなものを信じて生きています。

科学を信じている人もいれば、宗教を信じている人もいます。

「科学は信じるものではない」「仏教は知の体系であり、理解するものだ」などの言説もありますが、人間の心の動きは、かならずしもそうはなっていないようです。

オバケを信じる人もいれば、ある種の薬の効能を信じる人もいます。自分は幸運だと信じている人がいる一方で、自分は不運だとしか思えないでいる人もいます。

「私はこれを信じます」「これは信じません」と口にすることはできますが、何かを信じるということは、意志の力で能動的にできることではないだろうと思います。「あの人はいい人なんだけど、なぜか信じられない」「ダメな人だとわかっているのに、どうしても信用してしまう」など、「信じる・信じない」は、意志によるコントロールがどうしても、およばないのです。

親鸞は、仏の教えを信じるということもまた、自力ではできない、と言いました。アウグスティヌスも、神の恩恵によって神を信じることができるので、自分の力で信じられているわけではない、と語りました。

偉大な宗教家とされる人の多くは、まず最初に、その教義を徹底的に疑うことが多いようです。先達の指導者に論戦を挑み、徹底的に論破しようとしながら、心のなかにふしぎな思いの「芽」を抱き続けます。そして突然、信じる気持ちが奇跡のように、天から心へと降りてきて、揺るぎないものになります。

愛を信じることも、夢を信じることも、自分の才能や可能性を信じることも、たぶん、自分の考えや意志の力では、どうにもならないことなのです。

さらに言えば、意志や思考の力を使って、徹底的に疑い、疑問を突きつけ、掘り下げて掘り下げて、とことんまで否定してみてはじめて、「ああ、これは否定できるものではない」という地平にたどり着けます。「信じる」ことは、「信じない」ことを突き詰めきったその向こうに生じる場合があるのです。

この3年のなかで、もし、あなたが悩むとすれば、それは「信じるか、信じないか」ということが問題の根幹にあるのかもしれません。

自分の才能を信じるか。愛を信じるか。未来を信じるか。好きなものを信じるか、努力や成果を信じるか。家族や身近な人を信じるか。

ですがそれは、意志の力でどうにかなるものではないのです。

意志の力でできるのは、徹底的に疑ってかかることだけです。

合理的に、論理的に、知的活力を総動員して、「それは本当に信じるに値することなのか?」と問い続けることだけです。問い続け、調べて学んで、人に意見を求め続けて、掘り下げ続けた先にやっと、心の答えが見つかります。自分自身の心の答え、コントロールのおよばない「信じる」ことの出口が見つかります。

現代社会では情報があふれかえり、人々は分断され、何も信じないようなシニカルな人がいる一方で、非常に物事を信じやすい人も増えています。どんなに「情報リテラシー」が叫ばれ、フェイクニュースへの警戒が周知されても、人々は相変わらず「デマ」に惑わされ、あやふやな情報を信じて、ときにはまちがった情報で他者を啓蒙しようとしてしまいます。「これこそが正しい、真実だ!」「目からウロコが落ちた!」と思ったそのウロコを、あとになってもう一度拾い上げなければならないと気づいたとき、人の心は深く傷つきます。信じることも信じないことも、どちらもラクな道ではないのです。

何かを信じることは、今の時代、大きな危険をともないます。2024年からの3年で、あなたが大切なものへの懐疑を抱くことは、むしろ僥倖《ぎょうこう》と言えるかもしれません。その疑いのトンネルをくぐり抜ける経験は、「信じる」ことの大切さにアクセスする、たったひとつの径路だからです。

人間は、たぶん、何も信じないで生きることはできないのではないでしょうか。であれば、どうしたら本当に「信じる」ことを信じられるか。

この3年をかけて、あなたはこの問いの答えを見いだすのかもしれません。

4

3年間の星の動き

2024年から2026年の星の動き

星占いにおける「星」は、「時計の針」です。

12星座という「時計の文字盤」を、「時計の針」である太陽系の星々、すなわち太陽、月、地球を除く7個の惑星と冥王星（準惑星です）が進んでいくのです。

ふつうの時計に長針や短針、秒針があるように、星の時計の「針」である星たちも、いろいろな速さで進みます。


星の時計でいちばん速く動く針は、月です。月は1カ月弱で、星の時計の文字盤である12星座をひと巡りします。ですから､毎日の占いを読むには大変便利ですが、本書であつかう「3年」といった長い時間を読むには不便です。

年単位の占いをするときまず、注目する星は、木星です。

木星はひとつの星座に1年ほど滞在し、12星座を約12年でまわってくれるので、年間占いをするのには大変便利です。

さらに、ひとつの星座に約2年半滞在する土星も、役に立ちます。土星はおよそ29年ほどで12星座を巡ります。

もっと長い「時代」を読むときには、天王星・海王星・冥王星を持ち出します。

本書の冒頭からお話ししてきた内容は、まさにこれらの星を読んだものですが、本章では、木星・土星・天王星・海王星・冥王星の動きから「どのように星を読んだのか」を解説してみたいと思います。

木星：1年ほど続く「拡大と成長」のテーマ
土星：2年半ほど続く「努力と研鑽」のテーマ
天王星：6〜7年ほどにわたる「自由への改革」のプロセス
海王星：10年以上にわたる「理想と夢、名誉」のあり方
冥王星：さらにロングスパンでの「力、破壊と再生」の体験

2024年から2026年の「3年」は、実はとても特別な時間となっています。というのも、長期にわたってひとつの星座に滞在する天王星・海王星・冥王星の3星が、そろって次の星座へと進むタイミングだからです。

天王星は2018年ごろ、海王星は2012年ごろ、冥王星は2008年ごろ、それぞれ前回の移動を果たしました。この「3年」での移動は、「それ以来」の動きということになります。

たとえば、前々回天王星が牡羊座入りした2011年は東日本大震災が、冥王星が山羊座入りした2008年はリーマン・ショックが起こるなど、長期的な時間を刻む星々が「動く」ときは、世界中が注目するようなビビッドな出来事が起こりやすいというイメージもあります。

もちろん、これは「星の影響で地上にそうした大きな出来事が引き起こされる」ということではなく、ただ私たち人間の「心」が、地上の動きと星の動きのあいだに、そのような象徴的照応を「読み取ってしまう」ということなのだと思います。

とはいえ、私がこの稿を執筆している2022年の終わりは、世界中が戦争の緊張に心を奪われ、多くの国がナショナリズム的方向性を選択しつつある流れのなかにあります。また、洪水や干ばつ、広範囲の山火事を引き起こす異常気象に、世界の多くのエリアが震撼する状況が、静かにエスカレートしている、という気配も感じられます。

この先、世界が変わるような転機が訪れるとして、それはどんなものになるのか。

具体的に「予言」するようなことは、私にはとてもできませんが、長期的な「時代」を司《つかさど》る星々が象徴する世界観と、その動きのイメージを、簡単にではありますが以下に、ご紹介したいと思います。

ちなみに、「3年」を考える上でもっとも便利な単位のサイクルを刻む木星と土星については、巻末に図を掲載しました。過去と未来を約12年単位、あるいは約30年スパンで見渡したいようなとき、この図がご参考になるはずです。

・海王星と土星のランデヴー

2023年から土星が魚座に入り、海王星と同座しています。2星はこのままよりそうようにして、2025年に牡羊座に足を踏み入れ、一度魚座にそろって戻ったあと、2026年2月には牡羊座への移動を完了します。

魚座は海王星の「自宅」であり、とても強い状態となっています。海王星は20

１２年ごろからここに滞在していたため、２０２５年は「魚座海王星時代、終幕の年」と位置づけられるのです。

蠍座から見て、魚座は「恋愛、好きなこと、趣味、子ども、クリエイティブな活動、才能、遊び、ペット」などを象徴する場所です。

この場所に土星と海王星が同座する２０２５年までの時間は、愛や楽しみといったテーマに、非常に真剣に向き合うことになりそうです。

人生の喜びとは何か、何があれば自分は幸福でいられるのか、そのために自分は何を引き受け、どんなことに責任を持たねばならないのか。

そうしたことを非常に深く、掘り下げて考える時間を持てるでしょう。

たとえば、「だれかが自分を幸せにしてくれないかな」とひそかに期待していた人は、「自分で自分を幸せにしなければならないのだ」と、方向を１８０度転換することになるかもしれません。

あるいは逆に「何もかも自分の努力と才覚次第だ」と考えていた人が、「自分は本当は、多くの人に愛され、守られていたから今の幸福があるのだ」と気づかされるのかもしれません。

人が書いてくれたシナリオを無批判になぞるような生き方をしていた人が、「自分自身でシナリオを書き、自分をプロデュースしよう」という意識を持ち始めるのかもしれません。

一方「何もかも自分の満足のゆくようにしたい」と思っていた人が、「少しは人のアイデアも採用してみよう」と思い始めるのかもしれません。

これまでの自分の固い信念を疑い、別の可能性を考慮するのは、非常につらいことです。でも、そのつらさを乗り越えて「自分が思っていた正しさや価値とは、別の正しさや価値もあるのかもしれない」という方向に目が開かれたとき、一気に愛が流れ込んできたり、才能が開花したりする、ということが起こるのです。

土星も海王星も、「疑問符（?）」をもたらす星だと思います。漫然と受け入れてきたこと、全肯定してきたこと、当たり前だと思っていたこと、よく考えたこともなかったことに、「これはなんだろう?」「本当にそうかな?」と立ち止まらせ、考えさせるのがこの2星なのです。

愛や楽しみについて、この時期の蠍座の人々はたくさんの「?」を見いだすでしょう。

そしてそこから、より大きな愛と楽しみへの扉が開かれるのです。扉の向こうに続く道は平坦ではないかもしれませんが、進んで行った先でかならず「歩いてきてよかった!」と心から思える瞬間がやってきます。

2025年、土星と木星は、蠍座から見て「就労条件、日常生活、習慣、訓練、義務、責任、役割、健康状態」をあつかう場所へと歩を進めます。

多くの人が「役に立ちたい」「努力を認められたい」「意味のある仕事や活動がしたい」「自分の果たしている役割を認められたい」と考えています。自分に合った仕事が見つからなくて無為に日をすごしたり、病気などで寝込んでしまい、周囲の人からお世話をしてもらう状況になったりしたとき、「自分はなんの役にも立っていない」「自分は周囲に迷惑をかけている、お荷物だ」「自分などいないほうがいいのだ」など、自分を激しく責めてしまうことがあるものです。

一方、困難を抱えながらも自分なりの任務や役割を果たすことができたとき、人は静かな自信と安心感を得ます。

本当は、人は「生きているだけでOK」の存在です。

役に立たなければならないとか、人の世話になって生きるのは意味がないとか、そんなふうに考えてしまう人が多い世の中ですが、そうした考えはまちがっています。

もちろん、向上心を持ち、自分も何がしかの事を成し遂げたい、と考えるのはすばらしいことです。

でも、それができないからといって自分や他者を否定するのは、完全にまちがっているのです。ですが残念ながら、今の世の中ではその「まちがい」を、多くの人が犯しています。

人が生きているということが無条件で全肯定されなければ、「人の役に立つ」ことにも意味がないのです。

価値がないものを守るのは価値のないことだからです。

人が生きていることが絶対的に尊く、かけがえがない、と認められてはじめて、医療者や介護者の仕事が尊く意義ある仕事だと言えます。この前提を壊してしまうのは、おかしなことなのです。

その前提を置いた上で、人間は、だれかの役に立ちたいという気持ちを抱いている生き物なのだと思います。人に必要とされたい、役に立ちたい、感謝されたい、自分が為したことが他人に受け取られ、そこに喜びや安堵が生まれてほしい、と、だれもが切ないほどに願っています。

2025年なかばに土星と海王星が一度移動し、いったん引き返してから2026年頭に移動を完了します。ここからの約2年、あるいは2039年ごろまでの時間は、「だれかの役に立ちたい」「役割を得て、それを果たしたい」という切なる願いをかぎりなく深く掘り下げ、叶えられる時間となっています。

周囲の人々があなたを切実に必要とするのかもしれませんし、逆に、あなた自身がだれかのケアやサポートを必要とすることになるのかもしれません。

そうした体験を通して、役に立つとはどういうことか、自分の役割とは何かが、より真実な実感をともなってあなたの心に根を下ろします。

なかには、「この人のために一肌脱ごう」「この人を輝かせるために全力を注ごう」というふうに、「だれかのためにがんばる」という目標を持つ人もいるだろうと思います。

自分が周囲のために果たせる役割は何なのか、だれのために生きればいいのか、それが自分の「やりたいこと」とどのように拮抗《きっこう》し、あるいはつながるのか。

そうした問いへの答えが、この時期に徐々に、見つかってゆくはずです。

・木星と天王星、発展と成長のルート

成長と拡大と幸福の星・木星は、この3年をかけて、牡牛座から獅子座までを移動します。

特徴的なのは、この時期天王星も、木星を追いかけるようにして牡牛座から双子座へと移動する点です。天王星が牡牛座入りしたのは２０１８年ごろ、２０２４年に入る段階では、木星とこの天王星が牡牛座で同座しています。２０２５年、木星

は6月上旬まで双子座に滞在します。追って7月7日、天王星が双子座へと入宮するのです。

天王星と木星の共通点は、両者が自由の星であり、「ここではない、どこか」へと移動していく星であるということです。何か新しいものや広い世界を求めて、楽天的にどんどん移動していこう、変えていこうとするのが2星に共通する傾向です。

2星には違いもあります。

木星は拡大と成長の星で、膨張の星でもあります。物事をふくらませ、袋のようにぽんぽんいろんなものをなかに入れていくことができる、ゆたかさの星です。一方の天王星は、「分離・分解」をあつかいます。「改革」の星でもある天王星は、古いものや余計なものを切り離していく力を象徴するのです。天王星が「離れる」星なら、木星は「容れる」星です。

2024年前半、木星と天王星は蠍座から見て「パートナーシップ、人間関係、交渉、対立、契約、結婚」をあつかう場所に同座しています。

2018年ごろから、あなたを取り巻く人間関係は「改革」の渦のなかにありました。

過去の人間関係から離脱し、完全に新しい輪のなかに入った人もいるはずです。

また、パートナーとの関係性が一変した人もいるでしょう。

より自由でゆたかな関係を構築すべく、フレッシュな試みを続けてきた人が多いだろうと思います。そのプロセスでは、「一度距離を置いて、おたがいに関わり方を見つめ直す」ような方策をとった人もいそうです。

天王星はいわば、オーバーホールのようなことを可能にする星です。いったん全部を「分解」して、そこからもう一度きちんと組み立て直すような作業を、人間関係において経験してきたあなたがいるのではないでしょうか。

そうしたプロセスが2025年から2026年に収束するのですが、その直前の

２０２４年前半は木星がここに同座し、主に「分解したものを、組み立て直す」作業をサポートしてくれるようです。過去数年のなかで「分離」した相手との関係を再構築する人もいれば、空席に新たな人が現れて座るような出会いもあるだろうと思います。

２０２４年なかばから２０２５年なかば、木星は「他者の財、パートナーの経済状態、性、遺伝、継承、贈与、経済的な人間関係」へと移動します。前述のとおり、天王星も２０２５年から２０２６年のなかでこの場所に移動してきます。ゆえにこの木星入りはどこか「先遣隊」的な動きとも言えそうです。

たとえば、これから社会人になる人、あるいは結婚して家庭を持つことになる人に、親族がお祝いとしてまとまったお金を贈ることがあります。「ここから先は、自分の力で生活しなければならない」というその門出にあたり、「最初は大変なことも多いし、いざというときの備えともなるから、サポートをしよう」という意味合いだろうと思います。自立や新生活への出発は、まったく無防備に放り出されるようなかたちではなく、桃太郎がきびだんごを受け取るような「準備」をしてもらえるかたちで起こるのです。

２０２５年以降、経済的な自立や、より大きな経済活動を目指す人が少なくないはずです。その「門出」のタイミングである２０２４年なかばから２０２５年なかばに、「門出のお祝い」のようなギフトを受け取ることができるでしょう。お金や物をもらうだけでなく、仕事のオファーやチャンス、なんらかの提案、役割の継承など、機会やポジションのかたちで「ギフト」が贈られるケースも多いはずです。

２０２５年なかば、木星はあなたにとって「冒険、学問、高等教育、遠方への旅や移動、専門分野、親戚縁者、宗教、理想」の場所に移動します。

ここからの約1年は、旅の季節であり、学びの季節です。

旅に出る人、精力的に学ぶ人が少なくないでしょう。
特に「行ったことのない場所」「未知の世界」に足を踏み入れる経験ができます。視野が広がり、生きる世界が広がるときです。精神的にも大きく成長できるときで、刺激をくれる人々に出会えるでしょう。

さらに2026年なかばから2027年なかば、木星は「社会的立場、キャリア、仕事、目標、成功」の場所に入ります。

この1年で一気にキャリアアップする人、転職や独立など、活動の場が一変する人も多いでしょう。肩書きが変わり、周囲のまなざしが変わり、担うべきもの、目指すべきことが変わります。

この時期に精力的に動き、大活躍をして、世の中から認められる、といった展開もあり得ます。個人での活動はいい軌道に乗りますし、「ブレイク」を果たす人もいるはずです。

また、この時期に「仕事を辞めて子育てや介護、家事労働に打ち込む」といった選択をする人も少なくありません。これも立派な「社会的立場の変化」です。

・冥王星の移動

２０２４年11月、冥王星が山羊座から水瓶座への移動を完了します。この移動は２０２３年3月から始まっており、逆行、順行を繰り返して、やっと２０２４年に「水瓶座へ入りきる」ことになるのです。冥王星が山羊座入りしたのは２００８年、前述のとおりリーマン・ショックが起こったタイミングでした。

冥王星は「隠された大きな財、地中の黄金、大きな支配力、欲望、破壊と再生、生命力」等を象徴する星とされます。この星が位置する場所の担うテーマは、私たちを否応ない力で惹きつけ、支配し、振り回し、絶大なるエネルギーを引き出させたあと、不可逆な人間的変容を遂げさせて、その後静かに収束します。

蠍座の人々にとって、冥王星は特別な星です。というのも、冥王星は蠍座の支配星とされているからです。

支配星はいわば、その星座の「王様」のような星です。あなたは蠍座の国民なので、王様である冥王星が動くとき「自分の世界に何か新しいことが起こっている」と感じられるのです。

王様が他国に外遊して新しいことを学べば、その知見は自国にもたらされます。冥王星が星座から星座へと移動する動きは、あなた自身が今までとは違った、新しい世界に触れる機会が増えることを意味するのです。

2008年から冥王星が位置していた山羊座は、蠍座から見て「コミュニケーション、学び、移動、兄弟姉妹、地域コミュニティ、短い旅」などを象徴する場所です。

2008年から2023年に至るまで、あなたはずっと「旅人」のような気持ちでいたかもしれません。あるいはさまざまな世界で「新人」として、ゼロから経験を積むような活動をしてきたかもしれません。どっぷりと勉強に打ち込んだ人もいれば、ある種のコミュニケーターとして活動してきた人もいそうです。

地域コミュニティの活動に打ち込んできた人、兄弟姉妹との関係やご近所の人々との関係に深くコミットしてきた人もいるでしょう。

物事がごく身近な場所から徐々に外側へと拡大し、同心円状に世界が広がるのを経験してきたかもしれません。

身近なところ、手の届くところから活動が芽生えるにもかかわらず、あなたの立ち位置はいつも「移動してきた存在」「エトランゼ」だったかもしれません。

たとえば、長く離れた故郷に久々に帰る、というようなシチュエーションでは、なつかしく迎えられながらも、そこではもはや「外部から来た、異質な存在」です。勝手知ったる世界でありながら、同時にもはや見知らぬ世界でもある、そんな世界を旅しながら、たくさんの真理を学んできた人が少なくないだろうと思うのです。

ときに、モノを知らないということが強迫的につらく感じられたかもしれません。あるいは、周囲と自分の知的ギャップに苦しんだり、まわりの人々をなんとか理想的に「教育」しようとして、スランプを経験したりした人もいるのではないかと思います。

伝えようとして伝わらずもがき、わかろうとしてわからずに悩む。そんな日々をすごしてきた人もいるはずです。

こうした、コミュニケーションにまつわる悩み、学びについての苦悩が、2023年ごろに、憑き物が落ちるように消えていきます。

そもそもこのような悩みは、すべて「知りたい」「わかり合いたい」という深い熱望から生まれていました。この燃えるような望みをどっぷりと生きることによって、「知るとはどういうことか」「わかり合うことにどんな意味があるか」などの本質的な知恵にたどり着いた人が、少なくないだろうと思うのです。そこにたどり着いたからこそ、悩みが消えてゆくのです。

2024年、冥王星が移動していく先の水瓶座は、蠍座から見て「居場所、家族、ルーツ、住環境」などを象徴する場所です。

ここから2043年ごろにかけて、あなたは自分の「居場所」に深くもぐりこむことになります。

たとえば「家庭を作る」「この世の楽園を作る」ようなテーマに、精力的に取り組むことになるのかもしれません。

あるいは、これまで無意識に依存していた世界から離れ、新たな「依存先」を探しに向かうのかもしれません。

身近なだれかがあなたに強い心情的つながりを求め、あなたもそれに応えることになるのかもしれません。

「地域再生」「町おこし」のような活動に取り組み、なんらかの環境・場を「復活」

させる人もいるでしょう。

一家離散状態だった家族関係を「立て直す」ことに奔走する人もいるかもしれません。

私たちはこの世に生まれ落ちるとき、どんな家庭、どんな環境に生まれるか、まったく選ぶことができません。

そしてそこを「故郷」「家」として長く心のなかに保ち続けることになります。

ですが、大人になってみてもう一度、私たちは心の「故郷」「家」を持つチャンスを得るものなのかもしれません。

ただ物理的な住環境ということにとどまらず、自分の人格や人生の土台となり、切っても切れない深い根っこを下ろしうる世界を、自分自身の手で創造できるのかもしれません。そのことが、人生全体の「再生」につながる可能性もあります。

冥王星は前述のとおり「破壊と再生」の星であり、蠍座のあなたの分身のような星です。

この星が「居場所」を象徴する場所を通過するあいだに、あなたはなんらかのかたちで、自分の居場所、住む世界を「再生」させることになるのだろうと思います。

5

蠍座の世界

蠍座について

蠍座のもとに生まれた人々は、深く秘めた強い力を持つ、と言われます。「能ある鷹は爪を隠す」の言葉のように、その圧倒的なパワー、エネルギーを、深く内面に隠しているのです。そして、本当にその力が必要になったときにだけ、「実力」を表します。

心やさしく、ユーモアを解し、時にブラックジョークを好みます。清潔で、まじめで、上品で、優雅で、めったにハメをはずしませんが、はずすとなれば針を振りきったはずれ方で周囲を圧倒することが多いようです。

勝負強く、闘いとは何かを熟知しており、徹底的に闘って自分のなかに設定した絶対的な勝利をつかみ取ります。考え深く、読みが深く、集中力があり、鋭い洞察力を持ち、軽々しいところが一切ありません。

愛の世界では「最後までそこにいる人」です。自分を守るために軽々しく逃げ出すような真似ができないのです。蠍座の星のもとには、報われるか報われないかといった損得勘定を完全に超越した、本物の愛の泉が永遠にわき続けています。

蠍座の神話は、太陽神アポロンと月の女神アルテミス、双子の神々にまつわる物語です。

アポロンは妹アルテミスが猟師オリオンに恋をしたことに気づき、その恋を阻止しようとしました。アポロンはまず、大サソリをオリオンにけしかけます。オリオンはそれに気づいて反撃しましたが、サソリは硬い甲羅をしていて、彼の矢にもびくともしません。オリオンは大サソリから逃げるため、海に飛び込んで泳ぎ出しました。アポロンはその頭を遠くから指さし、「あれは悪者だから、お前の矢で射貫いてごらん」とアルテミスに促したのです。彼女は自分の弓矢で恋人を殺したことに気づき、悲しみに暮れて、サソリとオリオンを天に上げて星座とした、というのです。

この神話には、さまざまなバリエーションがあります。好色で粗暴なオリオンがプレイアデス姉妹を追いかけまわしたため、怒ったアルテミスがサソリを放ってオリオンを刺し殺させたという説。また、円盤投げの競技でアルテミスに挑んだために死んだという説。さらに、オリオンがアルテミスを犯そうとしたので、彼女が地下から連れ出した大サソリに刺し殺させたという説もあります。

およそ一致しているのは、オリオンとアルテミスのあいだに何かしらの関わりがあって、結果、ふたりのあいだにサソリが現れ、オリオンが死んだという流れです。

「死」という言葉は日常的に、覆い隠されています。最近では身内について語るときも「両親は大分前に亡くなりました」というように、「死」という言葉を使わずに表現することが一般的なようです。

これだけ科学技術が発達し、人々が宗教や魔術から遠ざかったとされる現代において、なぜか「死」はかつてよりずっと恐れられ、忌まれているように思われます。もし、科学的合理主義が本当に人々の心に浸透しきっているのなら、死もまた、単なる生物学的な現象にすぎない、と軽視されるのではないかと思うのですが、現実にはどうも、そうはなっていないようです。

あるとき、私の友人が「死という文字自体が怖い」と話していました。これを聞いて、なんとなく漢和辞典で「死」を調べたところ、少し驚きました。というのも、死は「歹」の部分が人の白骨を表し、「匕」の部分が「人」を表すそうなのです。

さらに、「匕」は亡き母を表す、という説明もありました。つまり「死」という文字は、亡骸と、それを悼む人の姿でできているのです。

キリスト教芸術の世界に「ピエタ」という主題があります。受難のあと、十字架からおろされたイエスを抱きかかえて嘆く聖母マリア、というモチーフですが、「ピエタ」の光景は「死」という文字の象意そのままなのです。

だれかが死んだときほかの人が嘆くのは、そこに愛があったからです。遠くに住む見知らぬ人が命を落としたと聞いても、涙が出たりはしません。近くにいて親しみを感じている人なら涙があふれますし、自分自身と同じかそれ以上に大切に思える相手が旅立ったときには、すぐには涙も出ないほど深い悲しみに襲われます。自分が悲しんでいるのかどうかもわからないほどの、圧倒的な感情に支配され、まるで自分も世界もまったく別のものに変わってしまったかのように感じられることもあります。「死」という文字には、そんなにも深い愛が刻まれていたのです。

毒を持つ「サソリ」で表される蠍座は、オリオンの死と結びつけられており、星座の象意にも「死」が含まれます。ですがもちろん、蠍座の人々が死にやすいとか、死に関係しやすいなどということでは決してありません。

蠍座が死と結びつけられるのは「季節」に関係している、という説があります。蠍座に太陽が位置する10月下旬から11月中旬は、太陽が徐々にその光を弱め、冬に入ってゆく時間帯です。すなわち「太陽が死んでゆく」時間なのです。

太陽が死んでも、人間は死にません。なんとか厳しい冬を生き延びるべく、必死に備えます。

自分と愛する人々を守るため、知恵を使って工夫をし、収穫した食料を配分し、ともすればそれを奪いにくる敵と闘うことも辞さない勇気を奮い立たせます。蠍座が闘いの星・火星や、死と再生の星・冥王星と関連づけられていることも、これで納得できます。

オリオンとアルテミスの神話ではたいていのバリエーションで、女神と猟師がなんらかのかたちで近づこうとしたとき、そのあいだにサソリが割って入り、オリオンを死に至らしめた、というモチーフが描かれています。

一般に、人と人とが「近づく」ことには、危険がともないます。だまされるかもしれない、相手がどんな人かわからない、つきあって傷つけられる可能性もあります。

また、結ばれてめでたく幸福になれたとしても、一方が他方を残して死んでしまったら、そこには救いようのないほどの深い悲しみが生じます。どんなに愛し合うふたりでも、「同時に」逝くことはなかなか叶いません。たいていは「あとに残される側」が存在します。

ですが、人間はそうした危険を知りながらもあえて、近づこうとし、愛し合おうとします。結びつこうとし、ともにあろうとします。

私は以前から、蠍座は「危険物取りあつかい」の星座である、と書いてきました。世の中の「危険」なものは、実は「価値あるもの」です。

たとえば、お金をむきだしで置いておくと「危険」です。裸体をさらして往来を歩くのも「危険」です。

「死」にもまた強烈な魅力があり、ゆえに危険をはらみます。「死」をあつかうニュースやフィクションなど多くのコンテンツが、どれだけ強烈に人の心を惹きつけるか、信じられないほどです（魅力の「魅」の文字は、ドクロからできているのです！）。

大切で価値あるものや、人を惹きつける魅力のあるものはすべて、人間社会では危険をはらむがゆえに、ていねいに覆われ、守られ、隠されます。

一方、ただ隠されているだけでは「宝の持ち腐れ」「死蔵」になる危険もあります。

価値あるものは隠され、慎重にあつかわれつつ、どこかではあらわにされ、適切に使われなければならないのです。

蠍座はそうした価値と危険を「取りあつかう」ことを担う星座です。富でも、性でも、力でも、蠍座の人々はその価値を「どうあつかえばよいか」を考え、身につけます。蠍座の人々の「秘めたる力」は、そこに生じるのです。

おわりに

これでシリーズ4作目となりました「3年の星占い」、お手にとってくださって誠にありがとうございます。

これまで毎回、冒頭にショートショートを書いてきたのですが、今回はあえて小説の形式をやめ、「象徴の風景」を描いてみました。

というのも、2024年から2026年は長い時間を司る星々が相次いで動く、特別な時間だったからです。天王星、海王星、冥王星の象徴する世界観は、無意識や変革、再生といった、かなり抽象的なテーマを担っています。日常語ではとらえにくいことをたくさん書くことになるので、思いきって「シンボル」自体にダイレクトに立ち返ってみよう、と思った次第です。

もといい、これまでの冒頭のショートショートにも、たくさんの象徴的隠喩を仕込んできました。あの短い小説のなかに、「3年」のエッセンスをぎゅっと詰め込む工夫をするのは、毎回、私の大きな楽しみでした。ただ、あのような「匂わせ」のかたちでは、今度の「3年」の大きさ、力強さが表しにくいと思ったのです。

「花言葉」が生まれたのは、直接思いを言葉にすることがマナー違反とされた時代だったそうです。心に秘めた思いを花に託して、人々はメッセージを伝えようとしたのです。「あなたを愛しています」と伝えるために、真っ赤なバラを贈るしかなかった世の中では、すべてのものがメッセージに見えていたのかもしれません。赤いバラを手渡して、相手に愛を理解してもらおうとするのは、「隠喩」「アナロジー」の原点だろうと思います。

当たるか当たらないかにかかわらず、「蠍座の人に、向こう3年、何が起こるか」ということを個別具体的に書くことはほぼ、不可能です。というのも、「蠍座の人」といっても十人十色、本当にさまざまな立場、状況があるはずだからです。可能性のあるすべての出来事を箇条書きにするようなことができなくはないかもしれませんが、それでは、なんのことだかかえってわからなくなってしまいます。ゆえに、こうした占いの記事は「隠喩」でいっぱいにならざるを得ません。

かのノストラダムスも、直接的な表現はほとんどしていません。彼は詩で占いを書き、後世の人々がその隠喩をさまざまに「解読」しようとしました。本書のような生活に根ざした「実用書」であっても、読み手側のすることはほとんど変わらないように思えます。すなわち、自分に起こりそうな出来事、すでに起こっている出来事と占いを照らし合わせ、そのシンボリズムを解読、デコードしていくのです。

ゆえに占いは、どんなに現実的なものであっても、「謎解き」の部分を含んでいて、神秘的です。そこには、解読されるべき秘密があるのです。

そして私たちの心にもまた、それぞれに自分だけの秘密があります。

だれもがスマートフォンでSNSに接続し、どんなことでもテキストや動画で伝え合って「共有」している世の中では、まるで秘密などないようにあつかわれています。ですがそれでも、私たちの心にはまだ、だれにも打ち明けられない秘密があり、内緒話があり、まだ解かれない謎があります。

だれかに語った瞬間に特別なきらめきを失ってしまう夢もあります。

だれの胸にもそんな、大切に守られなければならない秘密や夢があり、その秘密や夢を、希望といううっすらとした靄《もや》がくるみこんでいるのだと思います。


これだけ科学技術が発達してもなお、占いは私たちの「心の秘密」の味方です。

本書が、この3年を生きるあなたにとって、ときどき大切な秘密について語り合えるささやかな友となれば、と願っています。

太陽星座早見表

（1930～2027年／日本時間）

太陽が蠍座に入る時刻を下記の表にまとめました。
この時間以前は天秤座、この時間以後は射手座ということになります。

生まれた年	期間
1954	10/24 7:56～11/23 5:13
1955	10/24 13:43～11/23 11:00
1956	10/23 19:34～11/22 16:49
1957	10/24 1:24～11/22 22:38
1958	10/24 7:11～11/23 4:28
1959	10/24 13:11～11/23 10:26
1960	10/23 19:02～11/22 16:17
1961	10/24 0:47～11/22 22:07
1962	10/24 6:40～11/23 4:01
1963	10/24 12:29～11/23 9:48
1964	10/23 18:21～11/22 15:38
1965	10/24 0:10～11/22 21:28
1966	10/24 5:51～11/23 3:13
1967	10/24 11:44～11/23 9:03
1968	10/23 17:30～11/22 14:48
1969	10/23 23:11～11/22 20:30
1970	10/24 5:04～11/23 2:24
1971	10/24 10:53～11/23 8:13
1972	10/23 16:41～11/22 14:02
1973	10/23 22:30～11/22 19:53
1974	10/24 4:11～11/23 1:37
1975	10/24 10:06～11/23 7:30
1976	10/23 15:58～11/22 13:21
1977	10/23 21:41～11/22 19:06

生まれた年	期間
1930	10/24 12:26～11/23 9:33
1931	10/24 18:16～11/23 15:24
1932	10/24 0:04～11/22 21:09
1933	10/24 5:48～11/23 2:52
1934	10/24 11:36～11/23 8:43
1935	10/24 17:29～11/23 14:34
1936	10/23 23:18～11/22 20:24
1937	10/24 5:07～11/23 2:16
1938	10/24 10:54～11/23 8:05
1939	10/24 16:46～11/23 13:58
1940	10/23 22:39～11/22 19:48
1941	10/24 4:27～11/23 1:37
1942	10/24 10:15～11/23 7:29
1943	10/24 16:08～11/23 13:21
1944	10/23 21:56～11/22 19:07
1945	10/24 3:44～11/23 0:54
1946	10/24 9:35～11/23 6:45
1947	10/24 15:26～11/23 12:37
1948	10/23 21:18～11/22 18:28
1949	10/24 3:03～11/23 0:15
1950	10/24 8:45～11/23 6:02
1951	10/24 14:36～11/23 11:50
1952	10/23 20:22～11/22 17:35
1953	10/24 2:06～11/22 23:21

生まれた年	期　間
2003	10/24 5:10～11/23 2:43
2004	10/23 10:50～11/22 8:22
2005	10/23 16:43～11/22 14:15
2006	10/23 22:28～11/22 20:02
2007	10/24 4:16～11/23 1:50
2008	10/23 10:10～11/22 7:44
2009	10/23 15:45～11/22 13:23
2010	10/23 21:36～11/22 19:15
2011	10/24 3:31～11/23 1:08
2012	10/23 9:15～11/22 6:50
2013	10/23 15:11～11/22 12:48
2014	10/23 20:58～11/22 18:38
2015	10/24 2:48～11/23 0:25
2016	10/23 8:47～11/22 6:23
2017	10/23 14:28～11/22 12:05
2018	10/23 20:24～11/22 18:02
2019	10/24 2:21～11/22 23:59
2020	10/23 8:01～11/22 5:40
2021	10/23 13:52～11/22 11:34
2022	10/23 19:37～11/22 17:21
2023	10/24 1:22～11/22 23:03
2024	10/23 7:16～11/22 4:57
2025	10/23 12:52～11/22 10:36
2026	10/23 18:39～11/22 16:23
2027	10/24 0:34～11/22 22:16

生まれた年	期　間
1978	10/24 3:37～11/23 1:04
1979	10/24 9:28～11/23 6:53
1980	10/23 15:18～11/22 12:40
1981	10/23 21:13～11/22 18:35
1982	10/24 2:58～11/23 0:22
1983	10/24 8:54～11/23 6:17
1984	10/23 14:46～11/22 12:10
1985	10/23 20:22～11/22 17:50
1986	10/24 2:14～11/22 23:43
1987	10/24 8:01～11/23 5:28
1988	10/23 13:44～11/22 11:11
1989	10/23 19:35～11/22 17:04
1990	10/24 1:14～11/22 22:46
1991	10/24 7:05～11/23 4:35
1992	10/23 12:57～11/22 10:25
1993	10/23 18:37～11/22 16:06
1994	10/24 0:36～11/22 22:05
1995	10/24 6:32～11/23 4:00
1996	10/23 12:19～11/22 9:48
1997	10/23 18:15～11/22 15:47
1998	10/23 23:59～11/22 21:33
1999	10/24 5:52～11/23 3:24
2000	10/23 11:47～11/22 9:18
2001	10/23 17:27～11/22 15:01
2002	10/23 23:19～11/22 20:54

石井ゆかり（いしい・ゆかり）

ライター。星占いの記事やエッセイなどを執筆。情緒のある文体と独自の解釈により従来の「占い本」の常識を覆す。120万部を超えた「12星座シリーズ」のほか、多くのベストセラー&ロングセラーがある。『月で読む あしたの星占い』『新装版 12星座』（すみれ書房）、『星占い的思考』（講談社）、『禅語』『青い鳥の本』（パイインターナショナル）、『星ダイアリー』（幻冬舎コミックス）ほか著書多数。

LINEや公式Webサイト、Instagram、Threads等で毎日・毎週・毎年の占いを無料配信中。

公式サイト「石井ゆかりの星読み」https://star.cocoloni.jp/

インスタグラム　@ishiiyukari_inst

[参考文献]

『完全版 日本占星天文暦 1900年～2010年』
魔女の家BOOKS　アストロ・コミュニケーション・サービス

『増補版 21世紀占星天文暦』
魔女の家BOOKS　ニール・F・マイケルセン

『Solar Fire Ver.9』（ソフトウエア）
Esotech Technologies Pty Ltd.

[本書で使った紙]

本文　アルトクリームマックス
口絵　OK ミューズガリバーアール COC ナチュラル
表紙　バルキーボール白
カバー　ジェラード GA プラチナホワイト
折込図表　タント M-50

すみれ書房
石井ゆかりの本

新装版 12星座

定価 本体1600円＋税
ISBN978-4-909957-27-6

生まれ持った性質《しくみ》の、深いところまでわかる、星占い本のロングセラー。

星座と星座のつながりを、物語のように読み解く本。
牡羊座からスタートして、牡牛座、双子座、蟹座……魚座で終わる物語は、読みだしたら止まらないおもしろさ。各星座の「性質」の解説は、自分と大切な人を理解する手掛かりになる。仕事で悩んだとき、自分を見失いそうになるとき、恋をしたとき、だれかをもっと知りたいとき。人生のなかで何度も読み返したくなる「読むお守り」。

イラスト：史緒　ブックデザイン：しまりすデザインセンター

3年の星占い　蠍座
2024年-2026年

2023年11月20日第1版第1刷発行

著者
石井ゆかり

発行者
樋口裕二

発行所
すみれ書房株式会社
〒151-0071　東京都渋谷区本町6-9-15
https://sumire-shobo.com/
info@sumire-shobo.com〔お問い合わせ〕

印刷・製本
中央精版印刷株式会社

ISBN978-4-909957-36-8　Printed in Japan
NDC590　159p　15㎝